U0454548

AMARTYA SEN
A BIOGRAPHY

阿马蒂亚·森传

[印] 利茶·萨克塞纳（Richa Saxena） 著

唐奇 译

中国人民大学出版社
· 北京 ·

目 录

第 1 章

决定性的时刻

世界上只有两个家庭，富人家和穷人家。

——塞万提斯

（Cervantes）

那是 1943 年一个阳光明媚的早晨，在尚未独立的孟加拉的达卡市，达卡市当时是一个大城市。瓦里区的一处居民区内有一棵芒果树，微风吹得树叶沙沙作响。树荫下，几个男孩子正在玩弹球。其他年轻的男孩和女孩可以自由地相互串门，那时候家家户户都可以开着门通风。

在其中一座房子里，一个十岁的男孩正在前院踢足球。一楼的窗户旁，他的父亲坐在一张躺椅上，聚精会神地读着膝头的一叠文件。阿舒托什·森（Ashutosh Sen）穿着一身上过浆的雪白长袖衣裤，偶尔将目光从文件上移开，看看他的儿子巴布罗。不时察看儿子已经成了他的第二天性。虽然他们的居民区很安全，但他发现自己越来越为家人担心。就在不久之前，他刚刚看到一些印度人店铺遭到穆斯林暴徒纵火的新闻。这很可能是对最近几名穆斯林被杀事件的报复。阿舒托什·森第一次因为附近住的大多是印度人而感到安慰，他以前从来没有从这种角度去看待种族之间的矛盾，毕竟他家这座房子就叫作

"世界小屋"。

* * * * *

在接下来的几十年里，达卡这座城市的归属和安全感问题时常受到考验。四年后，印度脱离英国独立，孟加拉被划分为东西两部分。1955 年，东孟加拉成为东巴基斯坦，最后在1971 年，又成为我们所知的孟加拉国，达卡成为新国家的首都。但是在 1943 年，森一家还不知道未来会发生什么。

阿舒托什摇了摇头，将关于愈演愈烈的暴力冲突的想法赶出脑海，对儿子露出宠溺的微笑。巴布罗似乎正在努力尝试用他的足球打碎邻居家的窗户。

"爸爸……爸爸……"巴布罗一边对父亲喊道，一边气喘吁吁地把球踢到院子这一头，"妈妈什么时候回家?"他飞快地冲过院子，开始用两只脚交替着颠球。

"很快，我保证。她已经去了一小时，都能买多少东西了!"阿舒托什·森回答。

巴布罗笑了。"你知道妈妈的。"他喘了口气，把球换到右脚。

"嘿，玩得不错嘛!"阿舒托什赞叹道。

"我一直在练习。"他的儿子露出一个大大的微笑。

看着阳光照在巴布罗的头发上，阿舒托什叹了口气，将注意力重新拉回工作上。他有一大堆学生论文需要批阅，是他在达卡大学教授的化学课的作业，他希望在午饭前完成这项工作。

窗外的巴布罗听到前门吱呀一声被打开了。他急忙抬起头，以为是妈妈回来了。但是他被眼前的景象吓呆了。

一个男人蹒跚着走进来，虚弱地喊着："救命……救救我……"男人的肚子上有一道深深的伤口，血流不止。

巴布罗呆呆地站在原地。楼上的卧室里，阿舒托什什么都没听见，聚精会神地看着论文，眉头紧蹙。巴布罗大叫起来："爸爸!"

阿舒托什跳起来，赶紧朝窗外看去。看到门口有个满身是血的人，他吓坏了。巴布罗正帮助那人在院子里的长凳上躺下。

"巴布罗，退后!"阿舒托什大喊了一声，赶紧跑下楼。他跑过前门，看到那人正挣扎着对巴布罗说话。他走近了一些，发现他认识那个人——卡迪尔·米安（Kader Mian），一个贫穷的穆斯林劳工，经常在附近干些零活。

"他们刺伤我了……他们抓住我了……"卡迪尔·米安用微弱的声音说。

阿舒托什立刻开始控制局面。他出来时，眼角的余光注意到巴布罗正挪动脚步，远离这个流血的人。现在他背靠在院子里的一棵大树上，眼睛紧盯着对方。他以前从没见过这么多血。

"阿马蒂亚！"阿舒托什喊道。他只有在生气或心烦意乱时才会叫儿子的大名。这种正式的称呼让男孩从呆若木鸡的状态中惊醒过来。"进屋去……阿马蒂亚，听到了吗？"

"好……好的，爸爸。"

"进屋给卡迪尔·米安倒一杯水，再拿上车钥匙和几块毛巾。快点！"

阿马蒂亚咕哝着答应了一声，转身跑进屋里。他吓坏了，根本不知道该怎么做——他想不起来妈妈把毛巾和水杯放在哪儿了。他跌跌撞撞地在屋子里摸索着，最后找到了几块毛巾，倒了一杯水，然后跑出去。阿舒托什抓过毛巾，按在伤口上，希望能帮助止血。与此同时，阿马蒂亚帮助卡迪尔·米安抬起头，啜了几口水。

卡迪尔·米安有些神志不清，不停地低声咕哝着。

"卡迪尔·米安，你必须去医院。现在试着站起来，行吗？"阿舒托什温柔而坚定地说。

在阿舒托什和阿马蒂亚的帮助下，虽然费了点劲，卡迪尔·米安还是跌跌撞撞地走到了汽车旁，阿舒托什扶他坐进后排座椅。

阿舒托什急忙朝另一侧的驾驶座跑去，阿马蒂亚不安地叫住了他的父亲。

阿舒托什停下来，看着十岁的儿子苍白的脸孔。他的妻子阿米塔·森（Amita Sen）去购物还没回来，他不能把阿马蒂亚一个人留在家里。阿舒托什当机立断。"阿马蒂亚，上车跟卡迪尔·米安坐在一起，"然后，他轻声补充道，"跟他说话。我不希望他昏过去。"

阿马蒂亚一言不发地点了点头。

去医院的路不长，在年幼的阿马蒂亚看来却似乎没有尽头。卡迪尔的情况很糟糕，却仍然非常想说话。他喋喋不休地重复着："她告诉我不要去……她说了有危险……"

"谁告诉你的？"阿马蒂亚轻声问。

"我妻子……"

"为什么？"

"印度人……他们恨我们……"

驾驶座上的阿舒托什脸上露出痛苦的表情。

"那你为什么还要来，卡迪尔？"阿马蒂亚问道。

"孩子们没有饭吃……"

阿舒托什稍微转过身，问道："卡迪尔，听着，这很重要……你看见是谁干的了吗?"

"没有……他们不知道从哪里冒出来的……然后又不见了……我不是来偷东西的……我们是老老实实干活的人……她说了有危险,可是孩子们……"卡迪尔·米安的身体因为抽泣颤抖着。

"没事的……"阿马蒂亚小声说,他不知道该说什么好。他听父母谈论过达卡的暴乱和谋杀,但这一切突然间变得如此真实。人们因为信仰不同的宗教而相互残杀。这个男人因为家人吃不饱饭而差点丢了性命。这不合情理。他自己每天都浪费了很多食物。怎么会有人没有饭吃呢?

到了医院,他们急忙把卡迪尔送进去,然后坐在候诊室里等待。阿马蒂亚直挺挺地坐着,一言不发,连眼睛都不眨一下。他十岁的心灵被深深地触动了。阿舒托什也静静地坐着,保护性地把阿马蒂亚揽在怀里。半个小时悄无声息地过去了,只有墙上时钟的滴答声和远处医生护士照料病人走动的脚步声。最后,一位医生从病房里走出来,脸上的表情很凝重。他说他们已经尽了全力,卡迪尔·米安救不活了。

阿舒托什叹了一口气,站起来跟着医生去交费、办手续。警察也来了,需要他录口供。阿马蒂亚坐在原地,一动不动。在他心里,仍然能听见垂死的男人最后的遗言:"孩子们……

他们好饿……"

* * * * *

事情过去了好几个月，阿马蒂亚仍然记得卡迪尔·米安的面孔和他的无助。他经常说起这件事是多么不公平，这个男人的死，只是因为他想赚钱给孩子买吃的，只是因为他刚好是个穆斯林，却想在印度居民区找工作。父母安慰了这个伤心的孩子，希望阿马蒂亚能从这次打击中恢复过来。幸运的是，小孩子不会对坏事情耿耿于怀。他们的努力奏效了，一段时间以后，阿马蒂亚又成了他们熟悉的那个无忧无虑的男孩。

但是阿马蒂亚没有忘记卡迪尔·米安。对于这个为救自己的孩子而死的男人的记忆时常萦绕在他心头。卡迪尔·米安白白死去的事情给他留下了深刻的印象，多年以后学习经济学时，他常常会思考究竟是什么样的经济压力让卡迪尔·米安付出了生命的代价。在十岁这一年，阿马蒂亚发现了自己发自内心关心和为之感到愤怒的问题，他将就此著书立说、讲授课程、开展讨论，并且终有一天因此获得诺贝尔奖。

第 2 章

圣蒂尼克坦的童年

教育就是帮助学生学会运用知识的艺术。

——阿尔弗雷德·诺夫·怀海德

(Alfred North Whitehead)

　　自从那天以后，两年过去了，阿马蒂亚现在远离达卡，住在圣蒂尼克坦的外公家。圣蒂尼克坦是位于孟加拉比尔普姆区的一座小城，拥有著名的印度国际大学，这所大学在博尔布尔附近，是由令人尊敬的孟加拉诗人、诺贝尔文学奖得主拉宾德拉纳特·泰戈尔（1861—1941）创办的。

　　对阿马蒂亚来说，在圣蒂尼克坦的生活是一种全新的美妙经历。不同于达卡的水泥森林，这座小城被葱郁繁茂的草地和红砂环绕。站在阳台上，能够看到草海随着微风翻滚的波浪，婆罗双树、紫矿树、芒果树和枣椰树的风姿，阿马蒂亚惊叹于这样的美景。抬头仰望，一道彩虹横跨天际，阳光穿过树梢，在地面投下斑驳的金色光影。

　　这个地方跟阿马蒂亚见过的任何地方都不一样。虽然他是于 1933 年 11 月 3 日在圣蒂尼克坦出生的，但他三岁就跟随父母去了曼德勒，他父亲在那里的农业大学教书。他六岁那年，全家又从曼德勒搬到了达卡，因为阿舒托什调到达卡大学任化学教授。阿马蒂亚是在城市和校园中长大的，而圣蒂尼克坦无疑比他去过的任何地方都美丽得多。不过，圣蒂尼克坦似乎还有其他独特的魅力，深深吸引着年幼的阿马蒂亚。人们说，一个人总是会回到他出生的地方。阿马蒂亚当时还不知道，这是他一生中许许多多次归乡中的第一次。

阿马蒂亚明白，他们一家到圣蒂尼克坦不仅仅是为了探望他的外祖父希蒂·莫汉·森（Kshiti Mohan Sen）。他在印度国际大学求学期间，这座小城成了他的新家。印度国际大学是他外祖父帮助泰戈尔建立的，也是他母亲的母校。

拉宾德拉纳特·泰戈尔的父亲迈哈希·德本德拉（Mae-hashi Debendra）为圣蒂尼克坦成为学术圣地奠定了基础，1863 年，他首先建立了一座小小的静修院。将近 40 年后的 1901 年，泰戈尔在圣蒂尼克坦创办了一所"帕莎学院"，起初这里只是在树荫下面向一个班级进行授课的露天课堂，到 1921 年，在特里普拉邦王公的资助下，它发展为享有盛誉的印度国际大学。学校的校训是梵文："Yatra visvam bhavati eka-nidam"（全世界在一个鸟巢中相会），直到今天，印度国际大学仍然信奉并践行着这条校训。

泰戈尔是一个多才多艺的人，他是出色的音乐家、戏剧家、诗人、艺术家和散文家。森在写给诺贝尔奖评委会的一篇文章中说，泰戈尔是"孟加拉上千年文学史的杰出代表"。尽管西方人更多地关注他作品中的宗教和神秘元素，但事实上泰戈尔是一个非常务实、理性的人，坚定地立足于科学理性主义。在他的影响下，圣蒂尼克坦被建设成这样一所学校：既向每一名学生传播印度文化和爱国主义情怀，又欢迎西方现代思想。学校的教学理念建立在泰戈尔思想的基础上，认为书本知识会禁锢心灵，妨碍独立思考。他还认为大自然是最好的老师，把学校建在远离尘世喧嚣的地方，在辽阔的天空下、自由生长的森林和动植物之间。

学校实行寄宿制，虽然看起来十分国际化，但骨子里仍然像一座静修院，遵循古代学院的传统，学生学习内容广泛的各类课程，既有理论的也有实践的。今天，印度国际大学包括了中国学院、工艺美术学院和音乐舞蹈学院。阿马蒂亚后来说："圣蒂尼克坦的课程没有忽视印度的文化、思辨和科学遗产，同时对世界其他地方的文化又非常包容。"即使在今天，印度国际大学仍然被认为是全印度最好的传统教育机构之一，培养出了电影大师萨蒂亚吉特·雷伊（Satyajit Ray）和前总理英迪拉·甘地（Indira Gandhi）等杰出校友。

不过对泰戈尔来说，圣蒂尼克坦不只拥有一所著名的学校，还是他的家。诗翁就住在这座校园里，他许多最著名的作品都是在这里创作的。森在文章中说："泰戈尔大部分作品都是在圣蒂尼克坦创作的，这座小城的发展围绕着泰戈尔于1901年创办的大学，他在这里设计出一套富于想象力和创新性的教育系统，而且通过他的写作和他本人对师生的影响力，使这所学校成为他参与印度社会、政治和文化运动的基础。"

* * * * *

阿米塔·森找遍了整个屋子，最后在阳台上找到了正在凝望远方的阿马蒂亚。

"怎么了，巴布罗？"

他笑着回答："没什么，妈妈。我只是到处看看，这个地方太美了！"

她也笑了，说："这就是它叫'圣蒂尼克坦'的原因，'和平之砖'。知道吗？你就是在这里出生的。"

"你是说，我不是在达卡出生的？"巴布罗困惑地问，他最早的记忆就是达卡。

"不，你出生在这里！我们孟加拉女人总是在娘家生第一个孩子。所以我在你出生几天前回到了这里。"

"我真希望外祖父也跟咱们一起去了达卡。他为什么没去？"

"哦，巴布罗，我父亲太爱圣蒂尼克坦了。他永远不会离开这里。你知道他是这所学校的创办者拉宾德拉纳特·泰戈尔的朋友吗？"

"真的？"

"千真万确，1908 年的时候，泰戈尔还让他当了圣蒂尼克坦梵行学院的院长。"

* * * * *

巴布罗的学者基因不仅来自父亲和外祖父。他的母亲阿米塔也是著名作家和孟加拉文学杂志 *Shreoshi* 的编辑。不过，和儿子不同，阿米塔除了对学术感兴趣，更对艺术和文化感兴趣。阿米塔 1913 年出生在达卡附近的索纳让村，是希蒂·莫汉·森和吉罗巴拉·森（Kironbala Sen）最小的女儿。从孩提时代起，她就深受父亲与泰戈尔关系的影响。她是听着根据泰戈尔诗歌谱写的歌曲长大的，热爱诗翁的作品，演出了许多他的舞剧，在那个时代，女性参加公演还是十分罕见的。她在圣蒂尼克坦完成学业，有幸亲耳聆听过泰戈尔的教诲。她写了一本叫作《圣蒂尼克坦的静修院之女》（*Santiniketan Asharm Kanya*）的书，从那以后，她就被人们称为"静修院之女"。

再上一代，阿马蒂亚的外祖父希蒂·莫汉·森也是孟加拉文坛的风云人物，精通梵文、孟加拉语、印度语、英语、古吉拉特语、拉贾斯坦语、阿拉伯语和波斯语！1902 年，从加尔各答大学梵文专业研究生毕业后，他就赢得了"夏斯特里"（Shastri）的绰号。1953 年，他成为印度国际大学的副教授，接着对中世纪孟加拉禁欲主义游吟诗人——"鲍尔派"（Bauls）——这一宗教群体开展了广泛的研究。他熟谙印度教经文，对印度教音乐和印度古代医术阿育吠陀也有深入的了解。他还创作了许多孟加拉语著作，如《伽比尔传》（*Kabir*）（1910—1911）、《中世纪居民崇拜》（*Bharatiya Madhyayuger Sadhanar Dhara*）（1930）、《印度梵文》（*Bharater Sangskrti*）（1943）和《孟加拉参禅法》（*Banglar Sahdana*）（1945），获得过罗宾德拉纪念金奖（Rabindra Memorial Gold Medal）、印度国际大学最高荣誉奖（Deshikottam）和穆拉卡奖（Murarka Prize）（1953）等荣誉。

毫无疑问，全家一致同意阿马蒂亚应该在圣蒂尼克坦完成学业。圣蒂尼克坦、泰戈尔的诗歌及其价值观，都流淌在阿马蒂亚的血液里。学校的文化氛围加上家中长辈的学术影响，共同帮助阿马蒂亚·森成长为一个睿智的知识分子。

* * * * *

"可是达卡的圣格里高利学院怎么了？你为什么想让我在圣蒂尼克坦上学？"巴布罗抗议道。

"你会明白的，这所学校是你最好的选择，"他母亲说，

"我也是在圣蒂尼克坦上的学，我知道你会爱上它的。它跟你以前上过的英语学校完全不一样。记得我在这里上学时，每次下雨我们都特别兴奋，因为大部分班级都露天上课，一下雨就停课了。"他母亲笑着回忆起自己的童年。

"露天上课！喔！"巴布罗兴奋地叫道。

"妈妈，"他顿了顿，接着说，"你觉得我会见到拉宾德拉纳特·泰戈尔吗？"

"巴布罗，你不记得了吗？你小时候见过泰戈尔好多次！"

"我见过？"

"你那时还太小，恐怕不记得了。很遗憾，泰戈尔几年前去世了，那是 1941 年的事。"阿米塔难过地说。不仅是她的家庭，整个现代印度的命运都受到这个人的影响，让巴布罗与他见面是她的梦想。

巴布罗很沮丧。他听过很多关于诗翁的故事，他的作品让印度蜚声世界。父亲告诉他，泰戈尔获得了诺贝尔奖，那时候阿马蒂亚还不知道诺贝尔奖是什么。

* * * * *

直到今天，阿马蒂亚·森教授仍然为回到圣蒂尼克坦后没能见到泰戈尔感到遗憾。不过他又为泰戈尔没有看到 1941 年的达卡暴乱而感到一种苦涩的安慰。他说："泰戈尔和他的学校一直拒绝将人的社会身份狭隘地划分为印度人、穆斯林和其他人，我想，他在 20 世纪 40 年代宗派政治煽动起的公开杀戮席卷印度之前就去世了，不失为一种幸运。"

阿米塔换了个话题，说："巴布罗，你知道你的名字'阿马蒂亚'是泰戈尔给取的吗？知道它是什么意思吗？"

"知道！外祖父告诉我了，意思是'不朽'。可是妈妈，所有人都终有一死，不是吗？一个人怎么可能不朽呢？"

"通过你的作品。"阿米塔回答道。这话她听她父亲说过无数次了。"在你死后，如果你的作品足够优秀、意义非凡，能够继续活在人们心中，你就可以不朽。"

巴布罗插嘴道："妈妈，我一定要做一些让我不朽的事，就像我的名字一样！"

阿米塔抚摸着儿子的头发。"那个以后再说，现在进屋吃饭吧！"她笑着说，转身进屋，把红白相间的纱丽披巾甩过肩头。

巴布罗笑着追上妈妈，抓住她随风飘扬的披巾。

即使在离开印度踏上异国的土地之后，巴布罗也一直是阿米塔的好儿子。虽然阿米塔从来没有离开圣蒂尼克坦去跟阿马蒂亚一起生活，但是空间上的距离丝毫没有使他们变得疏远。直到六十多岁时，阿马蒂亚仍然隔天给母亲打电话，当他得知自己获得诺贝尔奖的消息时，第一个打电话告诉的人就是他的母亲。阿米塔一直住在圣蒂尼克坦，作为它的"静修院之女"，直到 92 岁离开人世。

* * * * *

正如阿米塔希望和预期的那样，圣蒂尼克坦对她儿子好奇、多思的心灵产生了重要的影响。印度国际大学强调好奇心的培养和知识的获取，而不是成绩，阿马蒂亚说他就是在这里"形成他的教育理念"的。在一次访谈中，森谈到了他的母校："泰戈尔想把圣蒂尼克坦的印度国际大学建设成一个与主流英语学校不同的地方。与民族主义的印度学校也不同。学校的授课语言是孟加拉语，自然而然地形成了一种国际化的全球文化氛围。"

若干年后，当他成为著名的阿马蒂亚·森教授后，他回忆起一位老师曾经这样评价一个同学："虽然成绩很好，但仍然只是个严肃的思想者。"森自己也是个好学生，印度国际大学让他备感压力，他一定要证明自己，洗清全 A 的"耻辱"！

圣蒂尼克坦也重视音乐和戏剧，特别是泰戈尔诗歌，但是对阿马蒂亚来说，这一切都像一个谜。"我非常努力了，"有一次音乐课后他对母亲说，"可是到头来我总是在朗诵，而不是唱歌。"随着年龄的增长，他的音乐喜好转向了爵士乐和西方古典音乐，这些在圣蒂尼克坦也并不是不能接受的。

在圣蒂尼克坦，对阿马蒂亚影响最大的一件事情就是穷人的困境，早年间在达卡时他就已经开始关心这个问题。与附近的加尔各答一样，害死了卡迪尔·米安的贫穷和饥饿在圣蒂尼克坦肆虐。进步如圣蒂尼克坦，印度国际大学的学生也主要来自富裕阶层。在《卫报》（*The Guardian*）的一次采访中，他回忆说有一天，一个精神失常的男人闯进校园，显然饿坏了。令他沮丧的是，大多数其他孩子不是帮助他、给他食物，而是嘲弄他。阿马蒂亚尝试跟他交谈，发现他已经四十天没吃饭了。他下定决心，要尽一切努力帮助穷人。长大一些后，他开始在夜校为附近村子的孩子上课。拉利特·马宗达（Lalit Majumdar）是阿马蒂亚在圣蒂尼克坦的英语老师，他至今还保留着阿马蒂亚寄给他的一张明信片，在明信片中阿马蒂亚请求马宗达老师帮孩子们解决课本和石板的问题，当时阿马蒂亚执教于一个距离圣蒂尼克坦两英里的小村子巴拉沃普尔的夜校。"还是个孩子时，他就对社会福利，特别是民众教育表现出一种深刻、积极和真诚的兴趣。"马宗达回忆说。

对巴布罗影响最大的或许是后来发生的 1943 年孟加拉大饥荒，这间接地促成了他选择福利经济学作为自己的研究领域。这场饥荒导致三百万人丧生，阿马蒂亚经常在路边看到倒毙的动物尸体，骨瘦如柴的男人、女人和孩子四处徘徊，寻找食物。当时的巴布罗还是个十二岁的孩子，但他已经开始努力用自己的方法帮助别人，对每个经过圣蒂尼克坦他外祖父家门前的难民，他都递上一罐米。外祖父不允许他给每个人超过一罐，这让阿马蒂亚非常困扰。或许这也帮助他意识到，饥饿不一定是食品短缺的结果，也可能是糟糕的食品流通造成的——在以后的人生中，他将继续研究这一理论。

在 1986 年的一次访谈中，他回忆道，尽管自己出生在孟加拉精英阶层的知识分子家庭，没有经历过痛苦和饥饿，但饥饿的人们祈求几粒米的情景从来没有从他的脑海中被抹去。他仍然记得那种巨大的困惑感。为什么会发生这样的事？这些人是谁？这些问题在男孩的心里萦绕不散。阿马蒂亚是这样描述当时的感觉的："关于那一时期，我最主要的记忆不是自己那些微不足道的努力，与此相反，我感到困惑，为什么突然间死了这么多人？他们是从哪里来的？我不认识他们中的任何人。跟所有的饥荒一样，这场饥荒也是严格按照阶级划分的。是遭遇灭顶之灾还是丝毫不受影响，取决于你属于哪个人群、来自哪个阶级。三百万人死去了，而 90%～95%的孟加拉人的生活却一如既往。"

在后来的人生中，阿马蒂亚将恻隐之心与坚实的经济理论相结合，形成了自己关于贫困的观点，他说："极度贫困会导致经济不自由，会使一个人在其他形式的自由受到侵犯时成为一个弱小的牺牲品。"他对饥荒和饥饿的解释，揭示了食品短缺与政府政策之间的清晰联系，影响了在这些问题上关键性的国家政策。

求学期间，巴布罗深深地爱上了印度丰富的文化遗产，他开始从中看到建立一个现代印度的完美基础。在灌输爱国心的同时培养国际视野，是泰戈尔在圣蒂尼克坦建立大学的初衷，这也成为阿马蒂亚人生的准则。

短短五年后的 1950 年，年轻的巴布罗离开了田园般的圣蒂尼克坦，开始在全世界的顶尖学术圈游历。但是无论他走到哪里，他始终忠于故乡的文化和他在那里学到的东西。

第 3 章

辗转两地

不要追问这世界需要什么，扪心自问是什么让你充满活力，然后追寻你的信仰，因为这世界需要的就是充满活力的人们。

——霍华德·瑟曼
(Howard Thurman)

印度航空公司从伦敦经由日内瓦飞往新德里的航班刚刚起飞，所有乘客在座位上舒舒服服地坐好，为长途旅行做好准备。一个孟加拉年轻人坐在机舱后面，有一天他会创造历史，但是现在，他还只是一个返乡的印度学生。21 岁的阿马蒂亚想要小睡一会儿，但是在英国剑桥大学三一学院学习了三年之后，他终于要回印度了，这让他兴奋得无法入睡。

望着窗外的云海，他的思绪回到了前往英国的那次旅程。

阿马蒂亚一直是个聪明的孩子，在圣蒂尼克坦时就表现出相当强的天赋。虽然他的兴趣主要在学术上，但是在选择专业时颇费了一番周折。不是因为他对什么学科都没兴趣，恰恰相反，他的兴趣太广泛了。正如乔纳森·斯蒂尔（Johnathan Steele）对《卫报》说的："那时候森已经决定走学术道路。他知道自己想成为某一领域的教师或研究者，但是他的兴趣还摇摆不定。"森说："在被经济学的魔力俘获之前，我认真考虑过梵文、数学和物理学。"阿马蒂亚这样解释他的选择：因为

"经济学关心穷人、受压迫的人、社会中的弱势群体，这些也正是我所关心的"。

在圣蒂尼克坦上完中学后，阿马蒂亚在加尔各答的管区学院读完了本科，这是印度最古老、最著名的大学之一。1950—1953年，他在那里主修经济学，辅修数学。那段日子，加尔各答被左翼政治气氛笼罩，这种影响甚至波及了阿马蒂亚的家庭。他的一个叔叔是国大社会党党员，被英国人预防性羁押，未经审判就在监狱里度过了六年；另一个表兄是共产党员，也被关进了监狱。阿马蒂亚置身紧张的氛围之中，这在他的心里埋下了为社会的繁荣贡献力量的火种。不过，正如他所说的，他"没有足够的热情加入任何政党"。斯蒂尔分析认为："这是他超脱于集体行动之外的早期信号，同时也能看到他一直坚持的务实谨慎、恪守道德和大胆求知的精神。"

在加尔各答的日子里，达卡和孟加拉大饥荒的记忆在阿马蒂亚心中仍然鲜活。他无法忘记每天经过他家门口的饥民憔悴的脸。即使到了1951年，加尔各答仍然有很多东西能让他想起那时的情景。管区学院的精英学生与附近生活的穷人之间存在着深深的鸿沟。阿马蒂亚清楚地意识到这种差异，他所属的阶层丝毫不受饥荒的影响，失去土地的劳动者却成百万地死去。他对经济问题的关注与日俱增，加上管区学院左翼政治思

潮的影响，使他对福利经济学、经济不平等和贫困问题产生了
兴趣。多年以后，瑞典皇家科学院因为他在这些方面的工作授
予他诺贝尔奖。

阿马蒂亚辉煌职业生涯的种子在圣蒂尼克坦就种下了，在
管区学院开始生根发芽。直到今天，阿马蒂亚还很喜欢谈起他
在管区学院的时光，特别是巴巴托什·达塔（Bhabatosh Dat-
ta）、塔帕斯·马宗达（Tapas Majumdar）两位教授和他的同
学苏卡莫伊·查克拉瓦蒂（Sukhamoy Chakravarty）、姆里纳
尔·达塔·乔杜里（Mrinal Datta Chaudhuri）对他产生的影
响。乔杜里是阿马蒂亚的老朋友，也曾在圣蒂尼克坦学习，与
阿马蒂亚的私人和工作关系都将持续很长时间。在管区学院，
他还与声名卓著的历史系的同学们建立了牢固的友谊，用他自
己的话说，他们"从根本上扩大了"他的眼界。他还说："管
区学院的教学极富魅力。我对经济学的兴趣从出色的教学中得
到了充分的回报。"

* * * * *

在追求学术、增长才智的同时，阿马蒂亚个人也在成长。
在他的一生中，他逐渐认识到生活就是一系列无休止的起起落
落。他在管区学院期间第一次有了这样的经历。1952 年年初，
刚刚 18 岁的阿马蒂亚发现自己吞咽食物有困难，并且惊讶地

注意到嘴里长了一个大肿块。他很恐慌，看了一个又一个医生，所有人都向他和他父母保证，这只是个良性肿瘤，能够自愈。但是阿马蒂亚确信问题要严重得多，拒绝接受诊断结果。他没完没了地追问医生，进一步的深度检查最终显示他罹患的是口腔癌。

阿马蒂亚的母亲坐在医生的诊所里，手里拿着诊断报告，被这个消息击垮了。

"癌症？"她用难以置信的语气喃喃道。

"森夫人，我们可以尝试一些治疗方法……"医生试图安慰她。

"尝试？尝试？你是在告诉我，我儿子得了癌症，而你们能做的只有'尝试'一些治疗方法？"

"我很抱歉……但是……"

阿马蒂亚一直安静地坐着，这时突然开口打断了他。"来吧，我们回家吧。"他对母亲说。

"但是巴布罗……"

阿马蒂亚已经走出了门外。

那天回到家时，阿米塔几乎崩溃了，但阿马蒂亚的反应却截然不同。就在他接到诊断结果时，他已经决定要用尽一切可能的手段与疾病抗争——他的进取精神、卓越的研究能力，以及拒绝向挑战低头的顽强意志。阿马蒂亚收集了关于自己症状的一切信息。他的研究显示，放射治疗是一种可能的治疗方案，但该方法在当时的医疗实践中还没有被完全接受。阿马蒂亚做好了尝试一切的准备，他找到加尔各答一家"相当原始"的医院，说服其中一位医生为他进行近乎致命强度的放射治疗。放射治疗让他在将近一年的时间里承受了极大的痛苦，但是最终挽救了他的生命。美国杜克大学的 M·C·芒格（M. C. Munger）说这正是阿马蒂亚的性格特征——他宁可自己变成残废，也不向绝望低头。

恢复健康后，阿马蒂亚怀着全新的信念和精神再次转向他的学术追求。

* * * * *

在管区学院获得硕士学位后，阿马蒂亚被剑桥大学三一学院录取，攻读第二个硕士学位，这次是专修经济学。三一学院是 1546 年由亨利八世创办的，培养出了多位首相、国家首脑和诺贝尔奖得主，艾萨克·牛顿、弗朗西斯·培根和拜伦都是这所学院的杰出校友。

阿马蒂亚进入剑桥时，英国经济学家根据支持和反对凯恩斯经济学被严格地划分为两派。这种分歧经常演变为带有攻击性的，甚至斯文扫地的争端。在经济学家的斗争中，三一学院成为了一块净土，三位不同学派的德高望重的经济学家和平共处——马克思主义经济学家莫里斯·多布（Maurice Dobb）、保守派新古典主义经济学家丹尼斯·罗伯逊（Dennis Robertson）和基本上对所有学派都持怀疑态度的皮埃罗·斯拉法（Piero Sraffa）。阿马蒂亚认为自己能够成为这些有识之士的门生是非常幸运的。

1956 年，以优异的成绩毕业之后，他留在剑桥从事为期三年的研究工作，工作的成果构成了他博士论文的主题。阿马蒂亚博士论文的首选主题是社会选择理论。但是，这个主题无法引起他的导师和教授足够的兴趣，他最后选择了技术选择理论的方向，多布教授和阿马蒂亚的导师、凯恩斯主义的支持者琼·罗宾逊（Joan Robinson）都对后者感兴趣。或许研究社会选择理论的时机尚未成熟，但是兴趣将使他在多年以后重拾这个主题。

1956 年，为期三年的博士研究工作刚刚过去一年，阿马蒂亚便决定返回加尔各答。他相信这一年的工作已经足够他完成论文，决定后面两年回印度休息一段时间，因此搭上了飞往加尔各答的航班。

* * * * *

空姐推着餐车经过，打断了阿马蒂亚的思绪。

"请问还有多长时间着陆?"他问。

"快了，先生，还有一小时多一点。"

他的嘴角泛起笑容，他是多么渴望回到他的祖国，回到他的城市加尔各答啊，他知道父母一定在等着迎接他。

尽管阿马蒂亚对于休假期间要在加尔各答做些什么没有既定的计划，但他从未想过找一份工作。回到家几个月后，时任西孟加拉教育部长的特里古纳·森（Triguna Sen）给他提供了一个极具诱惑力的工作机会，请他出任加尔各答附近新成立的贾达普大学的经济系主任。阿马蒂亚接受过良好的学术教育，出生在大学校园，从小就跟随做大学教授的父亲在校园中生活。因此，正如他所说的："我要成为一名教师或研究者的想法多年来从未改变。"阿马蒂亚抓住了这个机会，23 岁的他成了阿马蒂亚·森教授，成了经济系的创始人之一。

阿马蒂亚只比学生们年长一点点，在贾达普大学，他的出现最初遭到了激烈的反对，随后转变为勉为其难的接受，最后变成由衷的欢迎。教授们曾经在大学院墙的涂鸦中把他描绘成一个摇篮中的婴儿，但是很快，学生和教师都开始赞赏他的才华、严格自律的举止和谦谦君子的风度。

这位贾达普大学的教授仍然是三一学院的博士生，在阿马蒂亚的导师的坚持下，他需要为论文选择一位指导教师。阿马蒂亚从来不会错过增长见识的机会。所以，尽管他认为自己的论文已经完成，不需要任何外界的帮助，他还是选择了最好的老师——当时在贝拿勒斯执教的著名方法论经济学家 A·K·达斯古普塔（A. K. Dasgupta）。两人建立了深厚的友谊，阿马蒂亚在印度的时间经常花在跟达斯古普塔讨论各种各样的问题上。有时候，这种讨论也会涉及阿马蒂亚的论文，他在1959 年成功地提交了这篇论文，获得了博士学位。

阿马蒂亚在贾达普大学还建立了另一段重要的关系。

在加尔各答的学院街咖啡馆，这是他在管区学院上学时最喜欢的地方之一，阿马蒂亚跟他的童年好友姆里纳尔·达塔在一起，后者正一边喝着咖啡，一边聚精会神地阅读一篇学生论文。

"姆里纳尔……"

"嗯?"他漫不经心地回应道。

"姆里纳尔，听我说。"

"好吧，好吧……"他继续读着手里的论文。

"姆里纳尔!"阿马蒂亚叫道，声音很大以致邻桌的年轻情侣都转过头来瞪着他。

听到平时一向安静的朋友用这种急迫的语气说话，姆里纳尔有些惊讶，他抬起头，眼睛从眼镜上方瞥向阿马蒂亚。

"是的，我在听。怎么了？"

阿马蒂亚不安地摆弄着咖啡杯。

"到底怎么了？"

他局促地说："你还记得纳巴妮塔吗？"

"纳巴妮塔？"

"纳巴妮塔·德夫（Nabaneeta Dev），文学系的，我们在自助餐厅遇见过她。"

"哦，想起来了，那个戴眼镜的女孩，挺害羞的！嗯，她怎么了？"

阿马蒂亚停顿了一下，显然不知说什么好，最后挤出一句："她是个出色的作家……"

"嗯哼……"姆里纳尔咕哝道，语气不太确定。

"你不这么认为吗？"

"我真的不知道，阿马蒂亚。"姆里纳尔说，又继续看他的论文了。

"哦，我是这么认为的，她很出色。她的教授认为她很有天赋。"

"好啊，那很好。"

"那个女孩非同寻常，你不觉得吗？"

这是怎么回事？姆里纳尔放弃了读完论文的打算，摘下眼镜放在一旁。

"非同寻常？"他问道，不确定这话里面有什么，不过知道这话里面一定有什么。

"你知道，她身上有某种让人耳目一新的东西，跟其他女孩不一样。"

"她跟你一起上课吗？"

"不，不。事实上，我认为她对经济学一点兴趣也没有。"阿马蒂亚笑笑说。

他的笑容在嘴角停留的时间比平时都要长，姆里纳尔终于明白了，阿马蒂亚为什么会没完没了地谈论起一个他们仅仅见过几次面的女孩。

他禁不住笑逐颜开，调侃地说："哦，我们的教授终于找到比经济学更让自己喜欢的东西了？"

阿马蒂亚笑了……姆里纳尔立刻明白，他的童年好友坠入爱河了。

纳巴妮塔是孟加拉著名诗人纳伦德拉·德夫（Narendra Dev）和拉达拉尼·德夫（Radharani Dev）的女儿，初次遇到阿马蒂亚时，她正在贾达普大学学习比较文学。不过，他们的人生道路过去就曾经有过几次交集。跟阿马蒂亚一样，她也在加尔各答的管区学院读完了硕士，她的名字也是拉宾德拉纳特·泰戈尔给取的。不过她比阿马蒂亚小五岁，所以直到他开始在贾达普执教两人才相遇。

阿马蒂亚和纳巴妮塔的恋情很快升温。阿马蒂亚用追求学术的热情追求纳巴妮塔，年轻的女孩被全校最受欢迎（也是最年轻）的教授的魅力折服了。纳巴妮塔曾经形容那段时间的感觉就像"一个侏儒被月亮追求"。

尽管对纳巴妮塔的爱慕之情与日俱增，但阿马蒂亚仍然是一位专心致志的学者。三一学院规定提交博士论文的期限是三年，在等待的日子里，他申请了一项竞争激烈的奖学金。不出所料，他获得了奖学金，现在面临着留在加尔各答生活还是返回剑桥的选择。阿马蒂亚在做决定时通常都会仔细评估，他决定将自己的时间在这两座城市之间一分为二。为了最终拿到奖学金，他必须马上回剑桥。但是在那之前，还有另一个重要的决定要做。

纳巴妮塔和阿马蒂亚已经约会过很多次，他们的关系在贾达普校园已经成为公开的秘密。只要在城里，阿马蒂亚总是顺便拜访她位于印度斯坦公园 72 号的家，请她出来，跟他的朋友和同事帕拉梅斯·罗伊（Paramesh Roy）和姆里纳尔·达塔·乔杜里一起喝茶。准备去剑桥时，他下定决心，下次回来就要带纳巴妮塔一起走。

奖学金给了他四年的自由时间，可以想做什么就做什么。作为经济学家的同时，阿马蒂亚也一直是个思想者。他对逻辑学和认识论的兴趣让他做出一个激进的决定，去学习哲学。虽然有人认为这彻底脱离了他的经济学研究，但是在阿马蒂亚看来，哲学与社会选择理论、不平等和贫困这些他正在研究的问题密切相关。而且，在他看来，经济学是一门"完整的"科学，其范畴涵盖了哲学逻辑、伦理学和人道主义价值观。除了这两个学科的相似之处，阿马蒂亚一如既往地渴求知识也是学习哲学的动力之一，学习哲学本身就令他获益匪浅。他说："我对经济学和哲学都感兴趣，我对这两个领域兴趣的集合远远超越了它们的交集。"

正是在这段时间里，1959 年，刚刚因为处女作诗集《弦外集》（*Pratham Pratyay*）崭露头角的纳巴妮塔来到英国。阿马蒂亚去接她，带她到剑桥，两人共度了许多美好时光。有一次他们去看爱尔兰剧作家布兰登·贝汉（Brendan Behan）的戏剧《人质》（*The Hostage*），这出戏当时红极一时，但是他们心中只有彼此，没看完就中途离场，去泰晤士河边散步了。几天后，阿马蒂亚正式向纳巴妮塔求婚。纳巴妮塔回忆当时的情景说："我手足无措，内心却无比坚定。"

得到父母的祝福之后，他们在剑桥订婚，1960 年夏天在印度正式结婚。除了经济学家与哲学家之外，森又为自己增添了"丈夫"这个头衔。

第 4 章

游学四方

真正的发现之旅不在于找寻新天地，
而在于拥有新的眼光。

——马塞尔·普鲁斯特
（Marcel Proust）

在阿马蒂亚见过的所有校园中，三一学院是最美的。走在穿过三一学院著名的小礼拜堂的鹅卵石路上，他一如既往地为精心修剪的草坪和精美绝伦的建筑所倾倒。他深深吸入新修剪的草坪的香气，思绪回到了早餐时跟纳巴妮塔的谈话。

"纳巴妮塔，成为哈佛的一员感觉怎么样?"他一边往吐司上抹黄油，一边愉快地问。纳巴妮塔刚刚获得梦寐以求的美国哈佛大学的奖学金，约翰·F·肯尼迪、拉尔夫·瓦尔多·爱默生及多位诺贝尔奖得主都是哈佛的校友。

纳巴妮塔忍不住笑起来。自从得知这个消息，她的眼睛就烁烁放光，阿马蒂亚也为妻子的成就而欣喜若狂。

一颗足球从空中直冲着他飞来，打断了他的思绪。他急忙抬手接住了飞来的足球。

"对不起，教授!"草坪另一端一个穿着牛仔裤和运动衫的年轻人冲他喊道。阿马蒂亚把球扔回给那群正在进行班际比赛的学生。"接得漂亮，教授!"男孩喊道。

阿马蒂亚笑了。很高兴他的体育技能还没完全退化。他微笑着转身继续向办公室走去。

学生的无忧无虑让他回想起自己青葱的大学时代，那是1953年，在剑桥。1957年以教授的身份回到这里时，感觉就像回家。但现在是1960年，尽管仍然为置身这一著名学府而感到幸运，但他不得不承认，三一学院已经不像从前一样令他兴奋了。学院对来自相互竞争的不同学派的经济学家兼容并包，这一点最初很吸引他，但他现在意识到，学院并没有从这种独特的立场中获益——既没有白热化的争鸣，也没有各种观点的碰撞交流。相反，就像他说的，人们就"毫无结果的问题争论不休"。他来到办公室，坐进皮质转椅，终于在心里承认自己在三一学院的日子快要结束了。

考虑到暂时换换环境可能会令他改变心意，这一年阿马蒂亚暂时离开三一学院，到美国麻省理工学院（以下简称MIT）做为期一年的访问学者。他在MIT执教到1961年，那里活跃的学术气氛与三一学院风格迥异，深深吸引了他。阿马蒂亚还从与MIT的保罗·萨缪尔森（Paul Samuelson）、罗伯特·索洛（Robert Solow）、佛朗哥·莫迪利亚尼（Franco Modigliani）等人的互动中获得了很多灵感。这段短暂的时光已经足够他做出决定，彻底离开三一学院。

当他把这个消息告诉纳巴妮塔时，她并没有特别惊讶。她已经意识到，即使世界上最负盛名的高等学府也不足以容纳阿马蒂亚的抱负。多年来，她陪伴阿马蒂亚游学四方，在两人的婚姻期间，他们频繁来往于三一学院、MIT、斯坦福、伯克利、哈佛、德里和伦敦政治经济学院（以下简称LSE）之间。关于那些年，纳巴妮塔回忆说："那段打拼的生活简朴而幸福，我们总是兴冲冲地从一个地方搬到另一个地方。"

1963 年，这对夫妻继续这种愉快的迁徙，阿马蒂亚决定不仅离开三一学院，还要彻底离开剑桥。当时，纳巴妮塔已经在剑桥大学纽纳姆学院读完了博士，正在迎接他们的第一个孩子安塔拉（Antara）的降生。作为男人和父亲，当然也作为经济学家，阿马蒂亚变得愈发成熟。他渴望新的天地，带着他正在成长壮大的小家庭回到了德里，1949 年，在印度总理贾瓦哈拉尔·尼赫鲁（Jawaharlal Nehru）的支持下，VKRV·拉奥（VKRV Rao）教授创办了德里经济学院。拉奥教授巧妙地劝说阿马蒂亚，德里将像他工作过的英国和美国大学一样，为他提供丰富的学术灵感。阿马蒂亚也非常渴望报效祖国，便欣然同意了。

* * * * *

在德里，阿马蒂亚找到了一种真正富有活力的环境，这里也乐于接受他对社会选择理论的兴趣——他在三一学院上学时就想从事这个问题的研究而未果。这种可能性令他兴奋不已，他决定在德里安顿下来，住一段日子。但是首先，他需要履行承诺，去加州伯克利做访问学者。1964 年，决定在德里安家后，阿马蒂亚夫妇先在伯克利度过了一年之后才回国。

伯克利为阿马蒂亚提供了一直寻找的"起跳板"。他担任副教授期间，他的妻子则在完成博士后的学业。这一年对夫妇二人都非常重要。阿马蒂亚终于在这里实现了目标，撰写了关于福利经济学、经济不平等、贫困与饥荒等问题的若干论文——从圣蒂尼克坦的中学时代起，这些问题就困扰着他。纳巴妮塔忙于正在伯克利学生中展开的言论自由运动。但是当纳巴妮塔积极参与众多学生游行时，阿马蒂亚选择将他对妻子的支持限定在办公室的范围内。自从选择学术道路，他就相信应该靠文字，而不是声音来表达自己的观点。关于这种相对消极的做法，阿马蒂亚说："不从原因上入手，我对激进主义能够解决什么问题持怀疑态度。"

他毕生都坚持这种立场。20 世纪 50 年代，孟加拉是印度政治氛围最活跃的地区，阿马蒂亚承受了来自家庭的巨大压力，家人希望他加入政党。尽管左派大公无私和社会平等的观点对他影响很大，但他还是拒绝了。他希望通过思想和知识的力量发挥作用，而不是做一个亲力亲为的行动派。直到多年以后，阿马蒂亚关于饥荒的研究仍然影响着印度政府的饥荒政策，他的目标实现了。

在伯克利期间，阿马蒂亚发现自己对社会选择理论越来越着迷，1965 年返回德里时，对于要教授的课程和他的第一本著作，他已经充满了灵感。

* * * * *

阿马蒂亚担任德里经济学院的院长直至 1971 年。这一时期，他的职业生涯硕果累累，在经济学家 K·N·拉吉（K. N. Raj）的帮助下，他致力于将这所众所周知的"D 校"改造成先进的经济学院。离开德里时，他的努力已经获得成功，德里经济学院成为印度经济学和社会科学的教育中心。今天，D 校拥有经济学系、地理学系和社会学系，其中经济学系是印度大学基金委员会指定的高等研究中心。学院定期举办各种讲座、学术会议和研讨会，吸引了来自世界各地的学者。印度总理曼莫汉·辛格（Manmohan Singh）也是该学院的教师。

阿马蒂亚的另一个愿望也在德里实现了，1970 年，他的第二本著作《公共选择与社会福利》（*Collective Choice and*

Social Welfare）出版，开创性地阐述了他的社会决策观点。他的研究手稿的整理工作得到了 D 校一名优秀学生普拉桑塔·帕塔奈克（Prasanta Pattanaik）的大力协助。与此同时，帕塔奈克也完成了自己关于投票制度的研究。

当时，两种截然相反的观点就社会选择问题展开了激烈的争论——自由市场派认为应该完全终止政府干预，让个人自由选择由市场提供的一切；国家主义者认为必须由政府为人民做出统一的决策。阿马蒂亚采取了一条中间路线，他指出可能并不存在一种"最优"方案，并且只有当少数人的声音没有受到压制时，多数人的选择才是关键性的。

尽管这本书大部分是在德里完成的，但是他感谢了经济学家、作家、哈佛大学经济学教授肯尼思·阿罗（Kenneth Arrow）和哈佛大学教授约翰·罗尔斯（John Rawls），这两位学者的深刻见解和建议，对完成这部著作帮助极大。阿马蒂亚是在管区学院上学时第一次听说阿罗的，他的朋友和同学苏卡莫伊·查克拉瓦蒂推荐他阅读阿罗的著作《社会选择与个人价值》（*Social Choice and Individual Values*，1951）。在这本书中，阿罗指出，任何采取投票制度让投票者做出选择的社会体系，都会遇到矛盾。他证明了社会的偏好不能代表个人对不同候选人的偏好排序。通过严格的数学计算，阿罗证明了如果以理性和道德的标准对结果进行考量，社会决策是不可能被做出的。

阿马蒂亚在他的书中延续这一思路，试图全面地认识社会选择问题。用他的话说："分析成果不胜枚举，但是尽管有这么多的'树木'（以特定技术结果的形式），我还是迫切地想要寻找'森林'。我又一次面对从年轻时代在管区学院时就开始困扰我的老问题：既然一个人的偏好（包括兴趣和判断）跟另一个人存在差异［实际上，正如古罗马诗人贺拉斯（Horace）很久以前说的那样，'有多少个人就有多少种偏好'］，那么理性的社会选择是否可能实现呢？"

阿马蒂亚的著作大获成功。1968 年，他应邀到哈佛大学做一年的访问学者。他还在 D 校时就收到了邀请。在哈佛，阿马蒂亚有机会跟肯尼思·阿罗同教一门课，这是阿马蒂亚的荣幸。其间发生了许多轶事，有些妙趣横生，有些则令人捧腹。一次在飞往旧金山的航班上，阿马蒂亚邻座的乘客发现他是哈佛大学的教授，问他是否听过一门"特别有趣的"课程，是由"肯尼思·阿罗、约翰·罗尔斯和一个不认识的家伙"讲授的。阿马蒂亚笑了，用一贯谦虚的态度回答："是的，我听说那门课很不错。"却没有告诉对方那个"不认识的家伙"就坐在他身边。

　　阿马蒂亚还与斯蒂芬·马格林（Stephen Marglin）和普拉桑塔·帕特奈克共同讲授一门课，后者是他在 D 校的学生，这时也来到了哈佛。在这门课中，三人考察了社会选择理论与经济学其他领域的关系。自 1971 年起，阿马蒂亚成为著名的 LSE 的经济学教授，继续致力于社会选择方面的研究，这些经历为他下一步的研究奠定了基础。

　　对于阿马蒂亚和纳巴妮塔，这是一个辉煌时期，一个充满创造力、迅速成长的时期。现在他们有了两个女儿——安塔拉和南达娜（Nandana）。阿马蒂亚是全球公认的经济理论权威，纳巴妮塔也为作为诗人和作家的辉煌职业生涯奠定了基础。不过，接下来的岁月并非一帆风顺。

第 5 章
抉　择

不论我身处何方，都要宠辱不惊，临危不乱，就像树木和动物一样，坚韧面对黑夜风暴、人情冷暖。

——沃尔特·惠特曼
（Walt Whitman）

一股浓烈的消毒水味让阿马蒂亚从梦中醒来。他还有些昏昏沉沉，但他努力睁开眼睛，想弄清楚自己在哪里。他平躺在一张硬板床上，睁开眼睛首先看到的是天花板上的黑影。他微微转过头，看到了自己胳膊上插着的管子和床头闪烁的监视器。他慢慢地恢复了意识。

* * * * *

这是 1971 年。在处女作大获成功后，阿马蒂亚成为炙手可热的经济学家，越来越多的大学邀请他去演讲或做访问学者。他还在写作几篇研究论文，准备发表在《经济研究评论》（*Review of Economic Studies*）上，同时创作他的下一本新书《印度农村的基础教育：入学和失学》（*Primary Education in Rural India：Participation and Wastage*）。所有这些工作都是在继续履行他作为德里经济学院经济学教授的职责的同时完成的。

在繁忙的工作中，阿马蒂亚注意到他又一次出现了吞咽困难的症状。起初他没有把这当回事，但是问题越来越严重。他因口腔癌接受放疗已经过去 20 年了。他不想让纳巴妮塔和孩子们担心，背着她们去看了德里经济学院的医生。

结果并不乐观。经过初步检查，医生相信要么是他在加尔各答接受的放疗损害了他的硬腭，要么更糟，是他的口腔癌复发了。只有通过手术才能确定到底是怎么回事。

那天晚上回家，阿马蒂亚坐下来，把这个坏消息告诉纳巴妮塔。她很担心，但是立刻开始考虑实际问题。阿马蒂亚发病的同时，纳巴妮塔也深受严重的哮喘之苦，德里的热带气候加剧了她的病情。于是，夫妇二人共同决定最好的办法是全家离开德里，搬到伦敦。阿马蒂亚就是在这种情况下接受伦敦政治经济学院的教职，成为该学院的经济学教授的。1971 年，这位流浪的学者又一次举家背井离乡，回到英国。

现在，阿马蒂亚躺在伦敦的一家医院里，刚刚从一场长达七小时的紧张手术中醒来。他被推进手术室时，不知道自己得的是致命的癌症，还是不那么致命的骨坏死，后者是放射治疗的副作用，比较复杂但是可以治愈。

阿马蒂亚察觉到房间里有动静，还有别人在。他转过头，床边有一位护士，她的金发在昏暗的房间里闪着微光。他张开嘴想说话，却不得不清了清喉咙。喉咙又干又痒。护士从水壶里给他倒了一杯水并扶他抬起头喝了一口。

"我妻子……"

他刚说出几个字就停了下来。他的嘴巴又肿又疼。

他又试了一次:"我妻子在哪?"

他的声音就像是嘴巴里塞满了棉花。他的感觉也是如此。

"哦,她累坏了,医生让她回家休息。我们没想到你会这么快醒过来。这一天过得很不容易,森先生。"她说话带着一点点英国口音。

"哦……"阿马蒂亚虚弱地回答。

他慢慢地抬起一只手,摩挲着抽搐的脸颊。他的心情像一团乱麻。医生发现了什么?

"你能告诉我结果吗?"

护士犹豫了,想要说点什么,又闭上了嘴巴。她回答说:"对不起,我不能说,你必须等到早上九点医生过来。"

"护士……求求你……"

"试着休息一会儿好吗,森先生?到了早上一切都会好的。"

这是在暗示医生没有发现癌细胞吗?

"求你了,我必须知道。"

护士站在那儿绞着双手。她显然想向他透露点信息,但是规章制度不允许她这么做。

"我保证，医生告诉我结果的时候，我一定会装作很惊讶的样子。"他笑着说。

护士仍然有点忧虑，但还是笑了，接着用一种令人安心的语气说："好吧，告诉你好了。他们没发现癌细胞，是骨坏死。他们必须修复你的上颚，除此之外，你没事。"

阿马蒂亚感觉紧绷的神经放松下来了。他尽可能露出最灿烂的笑容。"太感谢你了……"他喃喃地说。接着他躺回枕头上，又一次坠入了梦乡。

* * * * *

第二天早晨纳巴妮塔来到医院，他能看到她脸上的关切。

"别担心。"他小声对她说。这时医生走了进来，纳巴妮塔把目光转向医生。他们告诉她好消息后离开了，她呆呆地站了一会儿，如释重负，接着边向房间外走去边说："我去给你弄点咖啡。"

现在，阿马蒂亚对婚姻的关切已经超越了健康。他再也不能否认，纳巴妮塔不快乐，他们之间曾经有过的浪漫爱情已经在现实生活面前慢慢瓦解。他还记得那一次，他们刚刚坠入爱河，戏剧看到一半便偷偷溜出来，只为两个人独处。但是今天，他们两人几乎不能待在一个房间里，要么会吵起来，要么更糟，陷入冰冷的沉默。

作为作家，纳巴妮塔的声誉日盛。结婚以后，她以优异的成绩从哈佛大学研究生毕业，1963 年又在印第安纳大学获得了比较文学的博士学位。她的女性主义作品已经蜚声国际，在个人生活中，她也厌倦了再坐在后排。她不愿意继续追随阿马蒂亚从一个校园到另一个校园，操持家务，养育子女。而且，过去几年里，夫妻俩只能勉强维持收支平衡。"那些年我们几乎存不下一分钱。阿马蒂亚是个优秀的经济学家，却是个糟糕的理财师。"许多年后她说。许多人眼中的经济学大师在家庭经济方面却要接受朋友和同事罗梅什·甘古利（Romesh Gan-guly）的帮助，甘古利经常借钱给阿马蒂亚，甚至帮助他制定严格的月度支出计划。

在被问到阿马蒂亚是个什么样的父亲时，纳巴妮塔笑着说："在孩子们长大到能做他的学生之前，他一直是个笨手笨脚的家伙。"

* * * * *

1971 年年底，该来的终于来了。纳巴妮塔和阿马蒂亚离婚了。他们的离婚激起了轩然大波，特别是当纳巴妮塔作为单身母亲，带着两个女儿回到贾达普时。但是作家纳巴妮塔不仅是纸面上的女权主义者，她以大无畏的精神面对一切。在伦敦，阿马蒂亚继续在 LSE 任教，直至 1977 年。纳巴妮塔在作为教授和作家的同时抚养孩子。整个 20 世纪 70 年代，她出版了好几本小说、儿童读物和诗集，成为同时代最杰出、最高产的孟加拉作家。她的作品获得过许多奖项，包括 2000 年的莲花勋章（Padmashree），哈佛大学、康奈尔大学、英属哥伦比亚大学等校都曾邀请她做访问学者。

回顾两人的关系，纳巴妮塔留下的都是美好的回忆。"这么多年过去，我已经有些超然事外，但是那种温暖和善意始终都在。"她亲切地说。她跟阿马蒂亚仍然是朋友，他们的友谊随着时间愈加成熟。事实上，1998 年，阿马蒂亚被任命为三一学院院长时（他是剑桥、牛津两校历史上的第一位亚洲院长），他首先告诉了纳巴妮塔。回印度时，阿马蒂亚总是去看她，纳巴妮塔也拜访过阿马蒂亚和第三任妻子艾玛·罗思柴尔德（Emma Rothschild）在剑桥的家。阿马蒂亚获得诺贝尔奖时，打给纳巴妮塔的祝贺电话一直响个不停。

拥有绅士风度的阿马蒂亚把前妻描述为"孟加拉文学史上最著名的作家、诗人和小说家"，关于诗歌，她教给他很多。纳巴妮塔绝对符合她令人钦佩的女性形象，从来没有被生活中的困难击倒，不难理解为什么阿马蒂亚选择与她共度生命中重要的成长期。

他的两个女儿，安塔拉和南达娜也经常跟着纳巴妮塔来拜访他。今天，安塔拉是德里一本文学、政治和文化期刊《小杂志》（*Little Magazine*）的记者和编辑，之前她拿到路透社基金会奖学金，就读于牛津大学。她的妹妹南达娜是一位电影导演、模特和演员。

两个女孩跟随纳巴妮塔在印度长大，不过后来与周游世界的父亲更加相似，都游历过许多城市。但她们的心都跟她们的父亲一样，扎根于同一片土地。南达娜与圣蒂尼克坦的联系特别紧密，在那里她跟祖母阿米塔·森一起度过了许多个夏天。在阿米塔看来，南达娜继承了她的基因——森家族的其他人大多是学者，只有南达娜追随了阿米塔的脚步，投身艺术、舞蹈和戏剧。

* * * * *

乔治·萧伯纳（George Bernard Shaw）爵士曾说："困难使心灵更强健，正如劳动使身体更强健。"阿马蒂亚并不是含着金汤匙出生的，但他取得的成就可能是连他自己都不曾想象到的。

第6章

社会选择理论在伦敦

勇气和毅力是有魔力的护身符，在它面前，困难和障碍都会烟消云散。

——约翰·昆西·亚当斯

(John Quincy Adams)

　　阿马蒂亚沉默地站在厨房里，听着咖啡机发出的响声。一束阳光斜射在木地板上。伦敦难得有这样一个晴朗的日子。他注视着自己光着的双脚。只有他一个人，这种宁静的感觉陌生而又宜人。他还记得就在几个月前，房子里充满两个女儿的喧闹声，以及妻子追着并让她们喝牛奶或吃饭的喊声。他根本无法集中精力工作。现在房子里只有他一个人了。

　　几个月前，纳巴妮塔回贾达普去了，阿马蒂亚不得不习惯自己做家务。以前都是她做饭和收拾房间，而现在他得自己煮咖啡、自己做饭。婚姻失败令他感到难过，但他也感到一种自由和希望。对他和纳巴妮塔都是。他们两人个性都太独立，太专注于自己的目标，不愿随波逐流。现在他一个人，站在安静的厨房中，用这样的乐观主义心态看待未来的生活。

　　他拿起咖啡杯，回到书房。

＊　＊　＊　＊　＊

　　1971 年以后，阿马蒂亚埋头于 LSE 的工作，对当时最关

心的问题——社会选择理论进行了深入的研究。同时，整个
20 世纪 70 年代，他还撰写了数量惊人的期刊论文，内容涵盖
经济学和哲学的诸多问题，如《理性与道德》（"Rationality
and Morality"）、《效率的概念》（"The Concept of Efficien-
cy"）、《劳动价值理论》（"The Labour Theory of Value"）、
《交换权利失效导致的饥荒》（"Famine as Failures of Exchange
Entitlements"）等。他还在大量学术会议和研讨会上做报告，
出版了《项目评估指南》（*Guidelines for Project Evalua-
tion*）、《就业、技术与发展》（*Employment, Technology and
Development*）和《论经济不平等》（*On Economic Inequality*）
等著作。《论经济不平等》获得了巨大的成功，被翻译成多
国语言。这本书解释了阿马蒂亚的两个专业领域——社会选
择理论与福利经济学之间的关系，至今仍然是全世界经济学
家的必读之作。

　　事实证明，70 年代是阿马蒂亚社会选择理论研究的黄金
时期，伦敦则是黄金地点。这座城市云集了众多的经济学家、
研究者、历史学家和各个领域的学者，其中许多人跟阿马蒂亚
住得很近。

　　在工作中，阿马蒂亚从一些杰出的同事那里得到了许多灵
感和帮助，如彼得·哈蒙德（Peter Hammond）、查尔斯·布

莱克比（Charles Blackorby）、铃村兴太郎（Kotaro Suzumura）、杰弗里·希尔（Geoffrey Heal）、格拉谢拉·奇奇尼斯基（Graciela Chichilnisky）、肯·宾莫尔（Ken Binmore）、伍尔夫·盖特纳（Wulf Gaert）、埃里克·马斯金（Eric Maskin）、约翰·米尔鲍尔（John Muellbauer）、凯文·罗伯茨（Kevin Roberts）和苏珊·赫利（Susan Hurley），他们都致力于社会选择理论问题的研究。LSE 还为他提供了与全世界社会选择理论家合作的平台，包括比利时的克劳德·达斯普勒蒙（Claude d'Aspremont）和路易斯·热韦尔（Louis Gevers）、日本的滨田宏一（Koichi Hamada）和稻田献一（Kenichi Inada），以及远在以色列、澳大利亚和俄罗斯等国的学者。

尽管阿马蒂亚关于社会选择的著作是在 LSE 酝酿成熟的，但他从来没有忘记感谢他在德里经济学院的同事和学生，德里经济学院是这些作品的发源地。特别是他的学生普拉桑塔·帕塔奈克，后来他们在哈佛成为同事，共同撰写了许多关于社会选择理论的文章。他还满怀深情地提到了他的挚友、管区学院的同学苏卡莫伊·查克拉瓦蒂，正是苏卡莫伊鼓励他阅读肯尼思·阿罗的《社会选择与个人价值》，使他第一次接触到社会选择理论。苏卡莫伊后来成为印度计划委员会（1971—1977）

的成员，以及印度总理经济顾问委员会的主席。他是印度宏观经济计划和政策领域最著名的经济学家。1990 年，56 岁的苏卡莫伊英年早逝。阿马蒂亚还记得在管区学院附近的学院街咖啡馆，他的朋友坐在窗边，一边喝着咖啡，一边滔滔不绝地阐述着对阿罗作品的理解。这幅画面经常浮现在阿马蒂亚的脑海中。

阿马蒂亚在作品中以其标志性的谦逊态度感谢了许多人，但事实上，整个 70 年代，他关于社会选择理论的著作塑造了许多今天被视为公理的理论的雏形。社会选择理论通过肯尼思·阿罗的著作扬名，阿马蒂亚对这一领域的贡献在于揭示了阿罗"不可能定理"成立的条件，并扩展了这一理论。这部分地得益于他对哲学的兴趣和知识，在剑桥三一学院拿奖学金时，学习哲学似乎还是一个不太现实的选择。

不可能定理认为，任何提供三个或以上偏好排序的投票机制都不可能基于一套合理的准则。这是社会选择理论概念的一个基本表现形式，也是阿马蒂亚开始自己对这一领域进行调查研究的出发点。

要说明社会选择理论到底是什么，最好的办法是引用阿马蒂亚自己在诺贝尔奖获奖感言中说的话。"社会选择理论是一个非常宽泛的学科，涵盖了各种各样的问题。"这是一个理解个人的决策和偏好如何集合成集体的决策和偏好的框架。社会选择理论本身包含了"与贫困、不平等、失业、国民收入和生活水平有关的经济评价和政策制定"的集合。因此，它结合了福利经济学和投票理论的要素。

为了解释社会选择理论的关联性，阿马蒂亚引用过一个老笑话："骆驼就是委员会设计出来的马。"说明少数人做出的决策很少能反映多数人的需要。当真正被大多数人需要的是马时，为了保证所有可能的需求都被满足，委员会最后设计了骆驼。在大多数情况下，他们得到的可能是半人马——融合了各种特性的怪胎，对任何人都没有用。现在想象政府就是一个委员会，代表成百万上千万的人。政府有能力满足所有人需求的可能性变得微乎其微。这是社会选择理论的关键，它提出了问题：在大量人群极端多样化的条件下，得出集体的观点是否可能？

阿马蒂亚进一步解释道："如果说有一个核心问题激发了社会选择理论，那就是这个问题：考虑到社会中不同个人的偏好、关注点和困境，达成令人信服的关于社会（例如，关于'社会福利''公共利益''总体贫困'）的集体判断是否可能？我们如何找到做出这种集体判断的理性基础，比如'社会更偏好这样''社会应该选择这个'或者'这对社会来说是正确的'？"

在加尔各答一次以他的名字命名的公民招待会上，阿马蒂亚这样概括了社会选择理论的概念："它解决了如何在来自不同阶级、不同社群、不同经济和社会背景、不同文化和宗教信仰的不同社会成员迥异的兴趣和偏好的基础上，系统性地实现社会决策的问题。"

阿马蒂亚对这一问题的分析进一步将他引向其他相关问题，如饥饿和贫困的成因和预防，以及性别平等、贫困和剥夺的形式和后果。

这些问题是如何联系起来的？以贫困为例，社会选择理论质疑，通过衡量贫困线以下的人口数量，即贫困人口比率来评估贫困是否足够全面。想象这样一个情况，收入刚刚超过贫困线的人，患有严重的肾病，需要透析。如果将评估标准从收入改成维持最低限度可接受的生活的能力，这个人就可能因为缺少适当的医疗机会而被归为贫困人口。换句话说，贫困从根本上是与缺乏机会相关的，受到众多因素的影响，包括个人收入、环境和身体状况，以及医疗设施的可获得性等其他变量。因此，贫困可以被视为严重的剥夺，表现为文盲、缺乏基本的医疗卫生服务、营养不良等形式。这种方法呈现了一种完全不同的评估贫困的标准，有别于纯粹基于收入的分析结果。

肯尼思·阿罗证明了社会选择的不可能性,阿马蒂亚认为这种观点过于"悲观",提出了反驳,指出在某些条件下不可能性能够被克服。他试图说明社会能够找到方法,使与个人选择的集合相关的结果更加准确。为了说明这一点,他曾经把阿罗的定理比作分蛋糕的问题,群体中的每个人只关心自己分得的有多大,不关心其他人分得的有多大,这反映了社会选择中的不一致。但是在说明社会选择中的全体一致时,他举了一个由公众投票选举出来的民主政府运行不佳的例子。

因此,阿马蒂亚认为,尽管民主决策经常会遭遇不一致,但是以广泛的人际比较信息为基础,社会选择的不可能性能够被克服。这些比较既包括对假设命题的形式推导,也包括对价值观与范式的非正式理解。形式推导必须解决假设的适应性和一致性问题,非正式理解必须考虑其相关性和明显的正确性。二者相互补充,同等重要。

在一篇提交给美国经济学会的题为《理性与社会选择》("Rationality and Social Choice")的文章中,阿马蒂亚证明了运用推理和理性评价,能够有效地消除来自众多不同群体的意见集合的不准确性,并且有助于提高生活质量。

为了说明这一领域的研究已经日趋深入,阿马蒂亚在一次以他的名字命名的公民招待会上说："社会选择理论领域的研究已经今非昔比，在社会相关指标的衡量，以及对有关社会福利、贫困和不平等、权利与自由、权力与机会失衡的集体判断的系统性检验方面，存在相当多积极的、建设性的可能。事实上，相比'在社会成员的兴趣和偏好的基础上做出理性的社会决策是否可能？'这个旧问题，要解决的新问题是'哪一种做出理性的社会决策的方法能够最好地服务于我们平等与正义的价值观？'不再是有没有选择的问题，而是诉诸公平与正义等基本观念，如何在我们能够选择的许多不同评估方法中做出合理选择的问题。即使为一个国家或一个邦选择适当的贫困衡量指标这样表面上的技术问题，从竞争价值的角度也可以通过不同的统计指标用不同的方法来反映。这种理论与实践之间的联系，或许是福利经济学与社会选择理论近期研究中最鼓舞人心的结果，这些研究包括了对不平等和贫困的评估。"

* * * * *

20 世纪 70 年代大部分时间，阿马蒂亚都在研究这些问题。事后回顾，他把那段时间称为"社会选择理论的黄金时代"，他自己"就像在舞会上一样开心"。阿马蒂亚的作品"疗效显著"，他从身体上和精神上都完全康复了。1973 年，他开始与伊娃·科洛尔尼（Eva Colorni）同居，伊娃也是一位杰出的经济学家，执教于伦敦城市理工学院（City of London Poly-technic）［现在是伦敦城市大学（London Metropolitan University）的一部分］。1978 年两人结婚。

跟阿马蒂亚一样，伊娃也在浓厚的学术氛围中长大，是哲学家欧金尼奥·科洛尔尼（Eugenio Colorni）和作家厄休拉·赫希曼（Ursula Hirschman）的女儿。她的继父阿尔特罗·斯皮内利（Altiero Spinelli）是一位政治家和欧洲联邦运动（European Federalist Movement）的发起人。她本人在成为经济学讲师之前，在意大利的帕维亚和印度的德里学习过法律、哲学和经济学。阿马蒂亚说她的教育背景"完美地融合了理论与实践"。

与伊娃在一起，阿马蒂亚如同找到了一个智慧的伙伴，他可以跟她讨论自己作品的细枝末节。在他看来，"她对我希望自己的作品达到的水准和范围（通常不够成功）产生了重要的影响"。伊娃特别鼓励阿马蒂亚扩展社会选择理论的范畴，用它来评估贫困、研究调整国民收入分配的方法、理清失业的后果、分析侵犯个人自由和基本权利的现象、识别性别歧视和妇女的相对弱势地位。

就这样，阿马蒂亚不断进取，1977 年，他决定离开 LSE，加盟牛津大学，起初作为纳菲尔德学院的经济学教授，后来成为万灵学院的德拉蒙德讲座的政治经济学教授。虽然转投了牛津大学，但阿马蒂亚仍然住在伦敦，他慢慢爱上了这座城市。他的作品从这里出发，朝着意想不到的新方向开枝散叶。

第 7 章

性别不平等面面观

消除了不平等之谜，你就消除了几乎所有与人性相伴的恶。

——乔尔·巴洛
(Joel Barlow)

1983 年春天一个晴朗的早晨，在加尔各答附近的一座小村庄，阿马蒂亚坐在他的临时办公室里。牛津教授标志性的花呢上衣和灯芯绒裤子换成了更适合印度气候的棉质长裤和开领衫。他头顶上的吊扇没吹出多少风，却制造了不少噪声，阿马蒂亚试图把注意力集中在他正在研读的报告上。他伸手去拿手帕，想要擦拭眉毛上的汗水，这时案头的黑色老式电话机铃声大作。被打扰让他稍感不快，他接起电话，听筒另一端传来他的研究助理的声音。

"什么事？"他耐心地问。

"先生，请您到学校来一趟。出事了，我们需要专家的意见。"阿马蒂亚能够听出电话另一端声音里的笑意。

"我不明白？"发生了与经济学有关的事？他琢磨着。

"先生，这里有一个小孩，咬了他能够得着的每一个人的手！只有你能管住他了。大家都知道他听你的……"

阿马蒂亚笑了："好吧，坚持住，我马上就到。"

阿马蒂亚最近刚刚和同事苏尼尔·森古普塔（Sunil Sengupta）一起从牛津回到西孟加拉邦，他们有两项重要的任务：第一是重返母校——圣蒂尼克坦的印度国际大学，做为期一年的访问学者；第二是对西孟加拉邦的两个村庄尽可能多的五岁以下儿童进行评估和调研，以辅助他关于性别不平等的研究。在这个过程中，这位能力超群的经济学家又发现了一项隐藏技能——他有本事哄得最顽劣的孩子乖乖接受评估，因此他的助手经常向他寻求帮助。

来到西孟加拉邦对阿马蒂亚将关于社会选择理论的研究进一步深入有很大帮助，他的研究得到了他在牛津的新同事和妻子伊娃的大力协助。随着他的兴趣从社会选择理论转向与之相关的更加具体的现实问题，他经常与她长谈，并从中获益良多。阿马蒂亚满怀深情地感谢了那段时间伊娃对他研究工作的重要影响，说她"怀着深沉的人道主义关怀，对社会正义充满热情，又保持绝对的理性，不会想当然地接受任何理论，对每一个理论都要诉诸理性的评估和审查"。

正是伊娃鼓励阿马蒂亚转向对与社会选择理论相关的现实问题的分析。阿马蒂亚说："她的评判标准非常严格，但她还是鼓励我研究具有重要现实意义的问题。"在她的鼓励下，阿马蒂亚扩展了他对社会选择理论的研究，将其与各种各样的问题联系起来。这些经济学探索的成果被发表在若干学术期刊上，后来被整理成两本文集——1982 年出版的《选择、福利和测度》（*Choice*，*Welfare and Measurement*）和 1984 年出版的《资源、价值和发展》（*Resource*，*Values and Development*）。

除了贫困与饥荒，阿马蒂亚特别关注的一些其他领域，如教育和性别平等，一般并不被视为经济学家的研究领域。阿马蒂亚将所有这些领域与他的核心研究领域社会选择理论联系起来，他说："社会选择理论的范围和关联非常广泛。"正是因为对这些社会利益问题的关注，阿马蒂亚赢得了"印度的特蕾莎修女"的称号。

他是为数不多的研究性别平等问题的经济学家之一。20世纪 60 年代，他刚刚开始这方面的研究时，大多数人都认为这个问题是荒谬的。但是，通过他的工作，阿马蒂亚一再证明了经济学不仅仅是学术上的思辨，而且与人民生活息息相关。他对性别平等的问题感触更深，或许是因为他不仅是一个有着强烈社会意识的自由主义经济学家，还是两个女儿的父亲。

最初，阿马蒂亚的研究局限于对可获得的印度男女比例的各种统计数据进行分析。接着，1982 年，他与乔斯林·金奇（Jocelyn Kynch）合作撰写了一篇题为《印度女性：福利与生存状况》（"India Women：Well-being and Survival"）的文章。

在 1985 年出版的《商品与能力》（*Commodities and Capabilities*）和 1990 年出版的《性别与合作冲突》（*Gender and Cooperative Conflict*）等著作中，他很快将研究的范畴扩展到国际比较和与性别不平等相关的其他一般理论。

1983 年，他和苏尼尔·森古普塔正是为了进行第一手研究来到印度的。他们的发现发表在 1983 年的《经济与政治周刊》（*Economic and Political Weekly*）上，文章的题目是《农村儿童营养不良与性别歧视》（"Malnutrition of Rural Children and Sex Bias"）。在西孟加拉邦的两个村庄，两人对五岁以下的男童和女童进行了比较，用阿马蒂亚的话来说，他"因为抓住了社会选择理论研究的症结，虚荣心得到了极大满足"！

通过研究，阿马蒂亚得出结论，从生物学的角度，女婴要比男婴强壮，即大自然对女性有一种天然的偏好。但是尽管事实如此，从全球范围来看，每 100 名男性相对应地只有 98 名女性。在印度和孟加拉这样的穷国，男女比例更加失衡——印度是 100：93，孟加拉是 100：94。相反，在欧洲和北美的富裕国家，男女比例则平均为每 100 名男性对应 105 名女性。阿马蒂亚深入研究了女性在某些国家的"缺失"，在 1992 年写给《英国医学杂志》（*British Medical Journal*）的一篇文章中，发明了"消失的女性"这个术语，用来指代那些由于漠视和歧视而没能存活下来的女性。

他指出，亚洲和北非的发展中国家的男女比例的失衡，是男孩能够获得更好的医疗机会的结果。他与学术伙伴、比利时经济学家让·德雷兹（Jean Dreze）一道提出，发展中国家有超过 1 亿"消失的女性"死于资源获取的不平等。在后续的讨论中，他运用不同的人口统计学技术使这些估计更加精确。在《英国医学杂志》的开创性论文中，他还指出了这些女性"消失"的另一个原因。他说："有两种相反的劣势：女性在死亡率方面的劣势已经大幅度下降，但是被另一种新的劣势——通过针对女胎的性别选择性堕胎导致的出生率劣势——所取代。检测胎儿性别的现代技术使得性别选择性堕胎成为可能，并且很容易，在许多社会都被广泛使用。"不过，今天许多性别选择性堕胎盛行的亚洲国家的政府都在努力减少这种现象，例如，印度就实施了《产前性别检测法案》。

阿马蒂亚对发展过程中女性受到的歧视，以及在针对女性的社会歧视存在的情况下，男女生存差异的问题进行了研究。他将女性死亡率上升的原因归结为女性缺少医疗机会和女童营养不良，导致女婴出生体重普遍偏低。例如，在南亚，近21％的儿童出生时体重不足。这导致了一种恶性循环：营养不良的母亲生下出生体重不足的孩子，这些孩子受到性别不平等的对待，自己也成长为营养不良的母亲。

除此之外，许多发展中国家的女性有时候甚至得不到最基本的教育，天赋的发展得不到鼓励，也不能自由地发挥社会职能。阿富汗可能是全世界唯一禁止女童上学的国家。

在就业和工作晋升中，女性也受到歧视。即使在日本这样经济水平较高的国家，女性虽然能够平等地获取基础设施，但是在就业机会方面仍然要面对不平等。而且，在许多社会中，财产所有权和房屋、土地等固定资产的继承权在性别层面可能存在相当的不平等。这种财产权利的缺失阻碍了女性参与商业、经济和社会活动并获得成功。

这种形式的不平等在全世界大多数地方都存在，尽管各地的具体情况不尽相同。例如，在印度大部分地区，财产都是由男性继承的，但是在喀拉拉邦和梅加拉亚邦，母系继承制度在许多地区仍然非常普遍，如耐尔（Nair）社区。

甚至在所谓的"现代"家庭中，性别不平等也很明显，即使没有明显的歧视女性的迹象，在家务劳动中和养育子女时，妻子通常也比丈夫承担了更多的责任。

阿马蒂亚试图设计一个经济模型，来帮助消除对女性的忽视和性别不平等。在这方面，他研究了喀拉拉邦的经验，与印度其他许多地区形成鲜明对比，喀拉拉邦在死亡率方面几乎不

存在性别不平等。事实上，喀拉拉邦的女性预期寿命超过 76
岁（男性是 70 岁），而且男女比例达到 100∶106。带来这种
女性赋权的因素包括：喀拉拉邦的女性识字率高，更多女性能
够找到收入高、受尊敬的工作，以及生育率降低。这些因素加
上喀拉拉邦的女性拥有财产继承权，帮助实现了整体的女性赋
权。随着全国范围内女性识字率的提高和更多地外出参与经
济、社会活动，印度其他地区也能看到类似的变化。

　　根据这些事实，性别不平等似乎只存在于发展中国家。这
是错误的，阿马蒂亚证明了性别不平等在全世界范围内以各种
形式存在。美、英等西方国家也深受性别不平等之苦，尽管表
现形式不同。例如，阿马蒂亚指出，历史上，印度、孟加拉、
巴基斯坦和斯里兰卡在不同时间点上都出现过女性政府首脑，
这在美国却从未发生过。阿马蒂亚还举了一个例子，他发现在
德里经济学院任教时，女性在教师队伍中担任要职的比例比他
在哈佛大学和剑桥大学三一学院看到的都要高。

　　最近，阿马蒂亚关于性别不平等的研究进一步深入，他证
明了性别不平等不仅会影响女性，对男性也有影响。他认为，
纯粹因为作为人类的一员，女性就应该得到平等对待，而且应
该记住，"不仅是女性，男性也要为性别不平等付出代价"。女
性的不平等待遇经常表现为不能平等地获取医疗服务。女性的

身体虚弱，相应地会影响她们孕育的子女的身体健康。这些健康问题将伴随这些孩子一生。阿马蒂亚解释道："事实证明，产妇营养不良经常导致胎儿健康状况不良。这种影响不仅表现在出生时、新生儿期和幼年，还会在这些人的生命中延续数十年，表现为更易罹患心血管疾病。许多英国医生的研究都发现了这种联系，特别是南安普敦大学的 D. J. P. 巴克（D. J. P. Barker）教授。鉴于南亚的产妇中营养不良者比例如此之高，女性普遍忽视医疗卫生和营养问题，这一地区成为心血管疾病发病率最高的地区就毫不奇怪了。即使在对可能产生影响的经济和社会因素进行修正之后也是如此。这说明性别不平等也会让男性付出代价，因为男性比女性更易罹患心血管疾病。"

阿马蒂亚措辞严厉地说："我不相信上帝，但是如果我相信，忽视女性的结果以更易罹患心血管疾病的形式报应在男性身上，几乎可以被视为一种天谴。"

多年来，研究者们试图提出其他理论来解释"消失的女性"。但是阿马蒂亚的理论经受住了时间的考验，迄今为止仍然被视为对这一现象最有力的解释。无疑在职业生涯的这个阶段，阿马蒂亚被认为是该研究领域的世界顶级专家，也成为学术圈的名人。

＊ ＊ ＊ ＊ ＊

不过生命中仍然有坎坷在等着他。1985 年，伊娃因为胃癌去世，这对阿马蒂亚是个严重的打击。伊娃留下了两个孩子，十岁的英德拉妮（Indrani）和八岁的卡比尔（Kabir），现在都要由阿马蒂亚自己来照顾。为了让孩子们不要那么强烈地感受到母亲的离去，他做了作为一个父亲当时能够做出的最好的决定，不仅是换一个城市，而且是换一个国家去生活。1998 年，森一家离开英国，搬到一所新的校园，这次他是作为经济学和哲学教授，以及哈佛学会（Harvard Society of Fellows）的高级研究员加盟美国哈佛大学的。

伊娃一直活在阿马蒂亚的心中。她去世之后，他在伦敦市政厅大学（London Guildhall University）定期举办一系列以她的名字命名的科洛尔尼演讲。阿马蒂亚是这些演讲的长期主讲人。

现在，作为一个单身父亲，阿马蒂亚开始担心让孩子们在他的学术世界中长大是否有弊端——这个世界在某些方面非常广阔，在其他方面却非常局限。孩子们极其熟悉整个北美的校园，但是对这个国家在校园以外的方面了解却十分有限。一次，在飞往旧金山的航班上，他听到一个友好的美国人问卡比尔知不知道华盛顿特区在哪儿，九岁的卡比尔反问道："它是在帕洛阿尔托附近还是纽黑文附近?"阿马蒂亚不得不承认，他感到更多的是担忧，而不是好笑。

加州的帕洛阿尔托位于旧金山以南 35 英里，有著名的斯坦福大学。纽黑文在康涅狄格州，有著名的耶鲁大学。九岁的卡比尔对美国大学所在城市的了解已经超过了美国首都！

作为父亲，阿马蒂亚有点担心把自己的生活方式强加给孩子们是否妥当，但是作为经济学家，他没有什么好担忧的。从性别不平等出发，他在哈佛开始了对下一个经济学问题——饥荒的成因和结果——的研究，建立了今天在这一领域最著名的理论。

第 8 章

孟加拉大饥荒

> 灾难和混乱的时代能够造就最伟大的心灵。最灼热的熔炉、最黑暗的暴风雨中划过的最明亮的闪电能够造就最纯粹的人。
>
> ——查尔斯·凯莱布·科尔顿
> (Charles Caleb Colton)

"饥饿是指一些人未能得到足够的食物，而非现实世界中不存在足够的食物。"阿马蒂亚·森在《贫困与饥荒》（*Poverty and Famines*）（1981）的开篇这样写道，是关于"贫困与权利"的。

年仅十岁时，阿马蒂亚亲眼目睹了 1943 年的孟加拉大饥荒夺走许多人的生命，当时他不明白，为什么他的外祖父只允许他给每个沿街乞讨食物的饥民一罐米。森一家是没有受到饥荒影响的众多富裕家庭之一，他们自己的米足够吃。所以为什么只能给一罐？

许多年后，作为经济学家，阿马蒂亚对这种现象进行了分析，即尽管存在足够的食物，社会的某些群体却因为缺乏获得食物的手段而挨饿。是什么造成了孟加拉这场夺去数百万人生命的饥荒？这是否又是一个本来存在足够的食物，但大量饥民却无法得到食物的例子？究竟有多少人饿死？在阿马蒂亚关于饥荒、贫困、饥饿三者之间内在联系的诸多著作、论文和演讲中，经常用 1943 年孟加拉大饥荒作为例子，从中寻找这些问题的答案。他对饥荒的研究正式开始于 20 世纪 70 年代中期。也正是从这个时候起，他开始与国际劳工局世界就业计划（World Employment Programme of International Labour Organization）开展合作研究，《贫困与饥荒》一书就是为该计划而写的。

20 世纪 70 年代末，他还开始投入大量时间，探索与个体优势有关的社会选择问题。1979 年，他在斯坦福大学做访问学者期间就这个话题举办了一系列讲座。这些演讲后来被称为坦纳讲座（Tanner Lectures），其稿件于 1980 年结集为《什么的平等?》（*Equality of What?*）一书出版，并于 1987 年再版。阿马蒂亚说这些讲座旨在理解"个体优势不仅表现为财富和效用，更重要的是表现为人们过着什么样的生活，以及能否自由地选择自己认为值得珍视的生活。这里的基本思想在于关注人们最终拥有的实际'可行能力'。可行能力不仅取决于我们的身心特征，还取决于社会机会和影响，不仅是评估个人优势，也是评估社会政策的公平与效率的基础"。

阿马蒂亚是个天生的老师，有办法把最严肃的经济学理论讲得生动有趣。他的课堂从来不是正襟危坐式的，相比单向的知识灌输，他更鼓励互动和讨论。阿马蒂亚在小城圣蒂尼克坦接受的就是这样的教育，他也把这种执教风格带到了全世界的多家高等学府。

站在讲台上，阿马蒂亚用他独特的口音读着笔记——这是多年的伦敦生活加上口腔癌放疗副作用的结果。"吉大港曾经是孟加拉国一座富饶的海港，到处是绿油油的稻田。在许多方面，它都是印度农村的理想典范，但是不幸遭遇了一场激烈的变革。稻田变成了荒地，村庄死气沉沉，泥房子里曾经住着穷苦的劳动者——渔民、农民、工匠，现在却空空荡荡。1943年的孟加拉大饥荒过后，什么都没有留下。"

"饥荒表现出最无情的歧视。中上阶层几乎不受影响，那些即使在好年景里也仅能勉强糊口的穷苦人遭受的打击最大。现在，他们的境况更是雪上加霜。"

从大阶梯教室的后排传来一个学生的声音，阿马蒂亚听出他有浓重的南亚口音："当你说到最贫困的人，指的是哪个阶层或族群？"

"死去的主要是靠耕种土地为生的农村雇佣劳动者，也有从事河运的劳工、小贸易商和小服务商，比如理发师和贩卖手工制品的手艺人，爆发饥荒时他们都会失去经济来源。你会发现，基于阶层的分析对研究饥荒问题非常有帮助。"

"那么，一个人可以不住房子、不穿衣服，但是不能不吃饭，饥荒剥夺了这种最基本的生活权利。大米是加尔各答大多数人口的主食，其批发价格从 1942 年 12 月的每孟德（印度重量单位，约合 82.3 磅或 37 千克）13 卢比飞涨至 1943 年 3 月的每孟德 21 卢比，继而涨到 5 月的每孟德 30 卢比。这些数字你可能需要做笔记……尽管没有进一步价格上涨的官方数据，但是非官方报告显示，在一些地方米价高达每孟德 80~108 卢比。我们现在谈论的这些阶层的人以前只能勉强负担 6 卢比的价格，让自己和家人吃饱，新价格完全超出了他们的能力。他们开始做唯一能做的事。"

"一开始是饥饿和营养不良的蔓延。加尔各答附近地区开始传出饥民抗议示威和抢劫粮食商店的新闻。老实人开始变卖能够变卖的一切——小块土地、旧农具、牲畜、餐具器皿。当这些换不来足够的钱，他们开始涌向大城市，寻找工作和食物，但是大多数情况下两者都找不到。近 35 万个家庭陷入赤贫。1943 年下半年，上百万走投无路的饥民只能饿死。到了 9 月，尸体的处理成了一个问题。12 月，尽管食品供给已经恢复，仍然有许多人挨饿太久，已经无力回天。孟加拉大饥荒是世界历史上最严重的饥荒之一，夺去了 200 万~300 万人的生命。"

一个一头黑发、表情严肃的女孩打断了阿马蒂亚："可是教授，官方估计的死亡人数要低得多，大约是 100 万人，或许再多一点?"

"是的，这点很重要，"阿马蒂亚回答道，"官方估计一如既往地远远低于事实。你看，我最初的估计是 300 万人，有可能更多，也有可能更少一些，也许我的估计过高了。根据后来的统计数据，200 万～250 万人是一个更可靠的数字。"

女孩点点头，低头在笔记本上记下这些数字。

阿马蒂亚继续说:"那么，为什么这么多人会死去?"

"他们买不起食物。"一个学生不假思索地答道。

"是的，的确如此。但不仅仅是支付能力的问题。一个残酷的现实是，即使这些人有钱、有工作，也可能找不到东西吃。记住，饥荒是人们没有足够吃的东西，而不是不存在足够吃的东西。"

"但是关于那场饥荒的原因，一般的说法是印度受到第二次世界大战的打击，粮食产量一落千丈，不是吗?"

"这也是事实。我们先来看这一点。的确，1942 年饥荒刚刚爆发时，距离印度脱离英国统治获得独立还有五年。第二次世界大战激战正酣，印度不可避免地被英国统治者卷入了战争。英军在新加坡与日军的战斗中遭遇溃败，只能从其原来控制的缅甸撤军。这打击了印度的大米进口。"

"为什么缅甸与大米有关系?"另一个学生问道。

"缅甸是当时最大的大米出口国之一,印度近 15％的大米都来自缅甸。而且,考虑到孟加拉在地理位置上靠近缅甸,因此在这部分进口大米中,有很大一部分会流入孟加拉。随着日本入侵缅甸,大米进口显然停止了。英国殖民者害怕日本通过孟加拉入侵印度。而且即使印度能够得到大米,也会被英国人当作他们在中东和斯里兰卡的军队的军需储备。印度人要为一场不属于他们的战争挨饿。"

"教授,责怪英国人是否公平?无疑,战争时期的极端状况本身就会导致粮食短缺。我是说,这就是战争,不是吗?价格上升,产量下降?"

"当然,在经济学中,跟在任何科学中一样,对于一个像饥荒这样复杂的现象,我们几乎不可能将其归结为单一原因产生的后果。你所说的'战争时期的极端状况'当然是造成短缺的另一个原因。当时正在打仗,空气中弥漫着不安和恐惧,人们在害怕时会怎么做?"

"囤积?"学生试探着说。

"没错……时局紧张,谣言就会满天飞,特别是吉大港也遭到了空袭,通常导致的结果首先就是囤积生活必需品。在孟加拉,'必需品'就等于大米。"

"当然富人囤积的最多……"一个男生讽刺地说。

"很遗憾，是的。中上阶层开始购买超过他们实际需要的大米。甚至政府也公开敦促人们购买和储存至少两个月的粮食。结果，大米价格不成比例地增长，达到穷人无法企及的水平。"

"当天气条件不利时，问题变得更加复杂。1942 年 10 月 16 日，孟加拉东海岸和奥里萨邦遭到飓风袭击，导致发生了洪水灾害，大量稻田减产，冬季作物无法播种。"

"政府从头到尾都在做什么？"

"说到这里，我们必须了解当时的孟加拉国内环境。孟加拉国会发起'退出印度'运动并爆发公共冲突，孟加拉政治环境发生了翻天覆地的变化。政府自顾不暇，虽然已经尽力抑制价格飞涨，但是无力对食品供给的大形势给予足够的关注。1942 年 6 月颁布的一项政府令规定了加尔各答市场上糙米和中稻的法定最高限价。一部分以前的大米储备被调入加尔各答，通过配给商店销售给一般民众。与此同时，政府试图控制孟加拉的大米出口。这些政策带来了一些缓解，但是远远不够。"

"当政府开始采取修正措施时，第一项决策就是征用市内所有可获得的粮食储备，通过配给的商店和获得许可的市场进行再分配。这在更大的规模上推动了政府采购。但是结果远不能令人满意，最后不得不放弃政府采购，并且政府还撤销了对稻谷和大米的限价。加尔各答的粮食供给量增加，但是价格也上涨了。饥饿和死亡仍然在持续，1943 年 12 月死亡人数达到了峰值。"

"英国军队也提供食品，发放了价值近 1.1 亿卢比的免费餐食，试图抗击饥荒的蔓延，但是这些努力来得太迟了，而且是杯水车薪。事实上，当印度事务大臣利奥·埃默里（Leo Amery）第一次向英国首相温斯顿·丘吉尔请求向印度发放粮食时，丘吉尔回复的电文写道：'如果食品如此短缺，为什么甘地还没死？'"

教室里响起一阵笑声和表示不赞同的嘘声。阿马蒂亚停顿了一下，让学生们思考这句评语背后的含义。

"最后，随着来自印度其他地区的粮食供给的到来，粮食价格趋于稳定，饥荒的严重程度有所减弱，但是由于霍乱、天花和疟疾的爆发，整个 1944 年死亡人数仍然居高不下。直到 1945 年年底、1946 年年初，饥荒带来的饥饿、贫困和疾病才开始缓解。"

学生们埋头记笔记时，阿马蒂亚停顿了一下，然后说："但这只是一家之言。想听听我的观点吗？"

学生们惊讶地抬起头。这还不是全部？

"还记得吗？我说过即使有钱买吃的，这些人还是可能会死。"

"你是说食品短缺还有其他原因？"

"我是说一开始就没有什么食品短缺。而且我是说食品短缺并不是饥荒的主要原因。"

阿马蒂亚望着学生们惊讶的面孔。这是他整个理论的关键，在继续之前，他要先让他的陈述引起足够的关注。

"我在研究中尝试将饥荒作为一种关于饥饿和贫困的广义'经济'问题来分析。在寻找饥荒的原因时，我试图从人们如何购买或者得到食物的角度来进行评估，而不是从整个经济中食品总供给的无差别图景入手。"

"特别是在孟加拉大饥荒中，有可靠证据表明粮食产量并不低，所以会发生饥荒是一件令人惊讶的事情。殖民政府任命的饥荒调查委员会在后来的报告中说，一定是统计数据有误。但是事实上，多年后我的研究发现，显然统计数据并没有差得太离谱。"

"根据我的分析，考虑到标准偏差，大米总产量在正常值范围内。事实上，1943 年的大米总产量为 762.8 万吨，比饥荒之前 1941 年的 676.8 万吨还要高。因此，饥荒主要是人为造成的。导致大米价格飞涨的原因不是粮食稀缺，而是无法获得。持续的通货膨胀使得粮食价格进一步上涨。战时需求将造成短缺的谣言也推动了价格上涨。尽管孟加拉有足够的大米和其他粮食，足以让人民吃饱，但是数百万人丧失了购买力。投机倒把、囤积居奇和牟取暴利是造成价格惊人上涨的主要因素。"

阿马蒂亚注意到学生们纷纷狂抄笔记，后排的几个学生开始自己讨论起来。他不介意学生在他的课堂上说话。他的理念是尽可能地启发他们的智慧，允许他们讨论、争辩、做出推断。

他继续说："统计数据的偏差并不大，因此它无法解释饥荒。必须从更完整的经济分析的角度来看待饥荒，分析人们如何谋生，如何用他们的工资和收入购买食品。举个例子，通常情况下，佃农和获取现金收入的工资收入者几乎同样贫穷，但是饥荒对工资收入者的打击比对佃农严重得多。这就涉及我们一直在讨论的话题——第二次世界大战；日军在缅甸，英军在孟加拉；战时产量；价格上涨。当价格上涨，领取固定报酬的工资收入者立刻感受到压力，而佃农的收入有一部分是以食品的形式获得的，因此不会受到那么大影响。实际上，我发现基于死亡率和不同职业的贫困状况指标数据，佃农的情况远不像工资收入者那么糟糕。这说明我找对了方向。在这种经济分析中，整个经济系统的复杂性可以被纳入研究的范畴。这是一个简单的例子，还有更复杂的问题，比如政府采购和投机商的影响。从根本上说，当我看到饥荒以阶层为基础的性质及其突然性和矛盾性时，就已经清楚地认识到这不仅仅是粮食供给的问题。"

"换句话说，饥荒并不是由马尔萨斯所说的人口与粮食供给之间的负相关关系造成的，而是由于当需求量巨大时，即使食品供给充足，易受饥荒影响的人群也无法获得食品。"

第二天，阿马蒂亚继续他的讲座，涉及他的研究中关于饥荒的另一方面——饥荒与政府体制的关系。

"预防营养不良并不容易，但是预防饥荒可以事半功倍。"

"那么为什么政府没有阻止饥荒的发生呢?"一个学生高声问道。

"嗯，第一个原因是政府公职人员和领导，无论文官还是武官，都来自上层阶层。他们从没挨过饿。他们从来没有受过饥荒之苦，因此他们个人没有动机去阻止饥荒的发生。不过，如果公众舆论对政府的影响足够大，饥荒则是致命的。饥荒之后该届政府肯定无法赢得下次选举，在民主国家中，还会遭到报纸和国会中反对派的批评。民主给了政府采取直接行动的政治激励。"

"教授，这就是为什么你在书中写道，饥荒从不发生在民主国家？"

"永远别把话说死，不过的确，这是我的信念。到20世纪70年代，民主制度下从未发生饥荒，更加坚定了我的信念。这应该并非侥幸，而是有原因的。考虑到政治激励，而且经济分析表明饥荒很容易被预防，所以我们可以预期在民主制度下不会发生饥荒。而如果没有民主制度，则只能靠运气来避免饥荒。饥荒也可能不会发生。换句话说，如果它将要发生，无法保证非民主国家的政府会采取行动来预防它。"

"但是教授，显然有时候也会有人大公无私、不计回报地为人民服务？"

"当然，这种可能性永远存在，这也是像我这样的经济学家希望看到的……希望事实证明我们错了，"阿马蒂亚笑着说，"有时候的确会有一个远见卓识的领导人，不需要政治激励也会采取行动，但是你无法像在民主政体下一样预期政府会做出什么样的反应。如果没有民主，就只会是专政，要么采取殖民统治的形式，比如英国对印度和爱尔兰的殖民统治，要么是一个接一个的军事独裁，比如索马里、埃塞俄比亚等国。在苏联和中国这样的一党制国家，政府通常致力于保护底层人民的利益，实际上这也是它们能够掌权的原因，但是它们过于迷信理论，并不能做出及时的反应。通常，它们看到周围的大多数人所遭受的痛苦却表现得特别冷酷无情，因为它们相信长期来看这些问题都能得到解决。"

"历史上，苏丹、俄塞俄比亚、索马里、苏联、中国和朝鲜等专制国家都经历过最严重的饥荒。在印度，饥荒也只在成为民主国家之前的英国殖民统治下发生过。另外，现在的孟加拉处于军事统治之下已经相当长时间，面临着再次爆发饥荒的威胁。"

"中国发生了什么？"

"1958—1961 年，中国爆发了灾难性的饥荒，3 000 万人饿死。尽管中国在经济上比印度更强大，而且北京以比印度快得多的速度建立了一整套食品分配、公共医疗卫生和教育体系。"

"那么问题出在哪里？"

"当然是缺乏民主。"阿马蒂亚用无可奈何的语气说。

许多学生笑了起来，觉得这个同学问了一个答案如此明显的问题。

阿马蒂亚压过笑声和说话声，为他辩护道："不，不，还有更特别的原因！尽管每年都有上千万人死去，但是政府的灾难管理政策三年都没有修订。这在民主制度下是不可想象的。同样，当饥荒蔓延时，人们也无法得到来自政府的信息。这是另一个因素，相对于政治激励，在信息传播方面也有问题。这是因为在中国，每一个公社、每一个集体显然都看到自己的情况并不乐观，但是他们从报纸上看到的是，全国其他地方的形势一片大好。这就是审查制度的结果。他们各自得出结论，只是自己做得不好。与其承认失败，他们选择编造数据，上报高于实际的粮食产量。饥荒达到顶峰时，北京政府汇总这些数据，认为他们拥有比实际多1亿吨的粮食。因此，民主制度缺失时经常存在的新闻审查制度不仅会欺骗公众，最终也会欺骗国家。"

"苏联也发生过类似的事件吗？"

"是的。部分是被蒙骗，部分是出于傲慢，他们对他们的理论自信过头了。但是在乌克兰和苏联的饥荒中，人们表现出对富农群体的不友好，这说明在某种意义上，农村地区的民众之间缺乏基本的同情。但是在此之上，民主和与之相伴的政治激励的缺失，以及信息的缺乏都是重要的原因。因此，我认为苏联、中国、哥伦比亚、朝鲜等国的一党制，非洲许多国家的军事独裁，以及英法等国的殖民统治都充分证明了政治不自由，即缺少民主的代价。"

* * * * *

20世纪80年代中期以来，阿马蒂亚在赫尔辛基的世界发展经济研究所（World Institute of Development Economics Research，WIDER）的支持下继续关于饥荒的研究，合作者有他在剑桥的同事、老朋友拉尔·贾亚瓦德纳（Lal Jayawardena）和他以前的学生西迪基·奥斯马尼（Siddiq Osmani），前者是该研究所的主任，后者是饥饿与贫困项目的负责人。他还与古典哲学、当代伦理学和文学研究方面的专家玛莎·娜斯鲍姆（Martha Nussbaum）就项目的文化方面进行合作。后来，1987—1989 年，他与娜斯鲍姆合作开展了一系列研究，并于 1983 年共同出版了文集《生活质量》（*Quality of Life*）。

20 世纪 80 年代中期，阿马蒂亚与比利时经济学家让·德雷兹开展了广泛的合作。以典型的阿马蒂亚·森式的风格，他感谢德雷兹在理解饥饿与贫困方面对他的帮助，并将两人最近合作的关于发展的著作署名权让给他。事实上，他半开玩笑半认真地说："很难在合作作品中拒绝这种安排，让做了大部分工作，而我得到了那么多感谢！"

阿马蒂亚关于饥荒的研究主要是在哈佛完成的，学校给了他空间和资源，去充分地探索他的学术兴趣。在哈佛，他还有机会教授一门他自己很久以前学习过，但是除了作为个人兴趣并没有继续钻研的课程——哲学。他在两个领域的研究都极大地得益于他与约翰·罗尔斯、蒂姆·斯坎伦（Tim Scanlon）、齐夫·格里利谢斯（Ziv Griliches）、戴尔·乔根森（Dale Jorgenson）、亚诺什·科尔瑙伊（Janos Kornai）、斯蒂芬·马格林等杰出同事的关系。他与罗伯特·诺齐克（Robert Nozick）、埃里克·马斯金合开课程，与约翰·罗尔斯、托马斯·斯坎伦共同教授哲学，与杰里·格林（Jerry Green）、斯蒂芬·马格林和戴维·布鲁姆（David Bloom）共同教授经济学。

他还开始了一些新问题的研究，包括理性的特征、客观性的需要，以及事实与价值之间的关系。他开始对健康平等，特别是公共健康产生兴趣，与苏底尔·阿南德（Sudhir Anand）开展了密切的合作。在阿马蒂亚看来，"哈佛在众多学科上的强大实力为一个人选择研究方向和合作者提供了充分的自由"。

他为这一切感谢哈佛，特别是哈佛高质量的学生，阿马蒂亚经常在他教授的课堂上学到更多东西。他通过自己的人生经历证明了学习永无止境。

接下来的几年里，阿马蒂亚带着孩子们从美国的一所大学搬到另一所大学，其中包括斯坦福、伯克利、耶鲁、普林斯顿、哈佛、加利福尼亚大学洛杉矶分校和得克萨斯大学。

孩子们还小的时候，阿马蒂亚主要留在美国，但是当他们长大，能够照顾自己了，他便回到母校剑桥大学三一学院，在

1998—2004 年担任三一学院院长。不过，2004 年 1 月，他又以拉蒙特大学教授（Lamont University Professor）①、经济学和哲学教授及高级研究员的身份回到哈佛。

他与伊娃的两个孩子，卡比尔和英德拉妮是他自己一手带大的，两人都成长为优秀的人才。现在，英德拉妮是纽约的一名记者，卡比尔或许更多地继承了阿米塔·森的基因，在波士顿的一所学校教音乐，组了一个叫"麻烦叔叔"的乐队。

阿马蒂亚不得不跟他所爱的人们远隔千里，但是在这样的生活中，他与所有的孩子建立了一种温暖、相互支持的关系。1991 年，他与英国剑桥大学国王学院教师、历史和经济中心主任艾玛·罗斯柴尔德结婚。她在剑桥教授哲学，跟阿马蒂亚一样投身学术，被公认为研究著名苏格兰哲学家和经济学家亚当·斯密的专家。阿马蒂亚在艾玛身上得到了工作和个人生活两方面的支持。

无论从职业还是个人的角度去评价一个人的成功，阿马蒂亚都是其中翘楚——既是一位卓有成就的学者，也是一位备受爱戴的父亲和丈夫——尽管生活抛给他那么多艰难险阻。

———————

① University Professor 是哈佛大学授予很少一部分有杰出贡献和影响力的学者的职位，是哈佛大学最卓越的职位。

第 9 章

现实的学术

学者的墨水比殉道士的鲜血更宝贵。

——先知穆罕默德

　　"马克·吐温说，花椰菜'不过是受过大学教育的卷心菜'。"为了听阿马蒂亚·森的演讲等了一早上的 400 多名观众爆发出一阵哄笑。阿马蒂亚脸上挂着招牌式的低调笑容，低头看着面前的提词卡片。

　　这是 2000 年 12 月。阿马蒂亚·森在获得诺贝尔奖后，正在全世界巡回接受各种奖励、荣誉学位和做演讲。从苏格兰的斯特拉思克莱德大学的文学博士到意大利佛罗伦萨大学的最高荣誉学位（Laurea Honoris Causa），阿马蒂亚已经接受了 53 个荣誉学位。与大多数他这个级别的学者不同，他总是尽可能亲自去领受所有这些荣誉。当然，当阿马蒂亚·森出现在一个地方，很难不做一次演讲就离开。这种习惯为阿马蒂亚赢得了"毕业演说家"的绰号。

　　现在，阿马蒂亚刚刚接受了喀拉拉大学的荣誉学位，正在做一场演讲，介绍其学术生涯和周游世界的感受。

　　"许多最好的花椰菜——从莎士比亚到查尔斯·狄更

斯——即使没有接受过大学教育也战胜了卷心菜。但是毋庸置疑，良好的大学教育对人类的能力和成就具有重大影响。实际上，它不仅能改变个人的生活，对社会改革的作用也非常关键。"

自然，阿马蒂亚·森会为学术生活辩护。归根结底，他人生中大部分时间都在校园中度过。他从未从事过学术以外的职业，他现在的妻子和两任前妻都是学者，他的孩子们在世界各地的大学校园长大，他始终相信教学是通往知识的最可靠的道路。

由于在经济学、哲学、历史和文化领域的广博知识，阿马蒂亚在学术圈拥有几乎无与伦比的口碑。作为印度和全世界众多知名学府的全职教授或访问学者，阿马蒂亚·森在大量有幸聆听他教诲的学生和有幸与他共事的同事中传播了他的知识和智慧。他开玩笑地说："算上我的四个孩子和我们夫妻二人，森一家接触过的大学包括加尔各答大学、剑桥大学、贾达普大学、德里大学、伦敦政治经济学院、牛津大学、哈佛大学、麻省理工学院、加州大学、斯坦福大学、康奈尔大学、史密斯学院、卫斯廉大学等。或许有一天我们能联合出版一本大学图解指南。"

无论阿马蒂亚在哪里生活和教书，他的学生和同事都为他非凡的智慧感到惊讶。伦敦政治经济学院的经济学家罗伯特·卡森（Robert Cassen）评论道："他拥有探照灯一样的心灵，用莫扎特式的速度创作。他非常高产。"

"学术"这个词经常包含贬义。阿马蒂亚在喀拉拉大学的演讲中说："通常，说一个人的观点是'学术的'并不是一种褒奖。字典对这个词的解释是'理论的'、'推测的'或'不切实际的'。这可以理解。世界不需要理论、推测或不切实际的需求来对现状进行检查，并决定下一步应该怎样做。"

对许多人来说，"学术"这个词可能还意味着一个人脱离现实，生活在象牙塔中。阿马蒂亚说："当然，大学教育的理念有可能听上去很遥远，甚至是精英化的。实际上，在许多人心目中，大学教育和精英主义是普遍联系在一起的。当然，精英主义的追求可以诉诸大学教育，但是重要的是，对平等、正义和其他基本价值的追求也可以通过大学实现。"

令人遗憾的是，事实上许多学者的确如此，他们毕生都躲在大学校园的围墙内逃避现实。

阿马蒂亚从来不是这样的学者。他解释道："我通常认为'学术'这个词意味着'可靠'，而不是更传统的字典释义——'不切实际的'、'理论的'或'推测的'。"虽然阿马蒂亚人生的大部分时间都在校园中度过，但他也走遍了城市和农村，寻求对人类行为的深层次理解。对阿马蒂亚来说，经济学不仅是一种学术兴趣，而且是理解我们所生活的世界和社会的性质的一种手段。他不仅把经济学当作研究的课题，还把它当作一个实践工具箱，用来改变人们的生活，帮助人们拥有更富裕、更丰富的生命。

为此，他在福利经济学领域做出了意义深远的贡献，包括社会选择理论、贫困和福利指标、分配问题、饥荒问题、个人福利和集体决策，以及这种决策如何体现一般公众，特别是贫困和被剥削阶层的利益。他职业生涯的很大一部分精力都贡献给了改善穷人福利的问题。"他非常关心正义，"牛津大学经济学教授苏底尔·阿南德说，"他的兴趣在于社会中最贫困、金钱上被剥夺最严重的那部分人群，他的大部分作品都与这种兴趣有关。"

阿马蒂亚为一个此前一直被认为冷血、脱离日常生活的学术领域注入人文关怀的精神，难怪他经常被称为"经济学的良心"。

* * * * *

既然阿马蒂亚·森教授已经赢得了一切——名誉、财富、奖励，甚至诺贝尔奖——他想过要慢下脚步或者退休吗？从来没有。几年后，森坐在伦敦家中的书桌前，进行他的新书《惯于争鸣的印度人》（*The Argumentative Indian*）的收尾工作。

这本书于 2005 年出版。在繁忙的学术工作之余，阿马蒂亚设法挤出时间创作了大量作品，出版了近 30 本著作，发表了上百篇文章。他的第一本著作《技术选择》（*Choice of Techniques*）出版于 1960 年，讨论发展中国家如何选择正确的技术来使生产率最大化的问题，得到了广泛好评。第二本书《公共选择与社会福利》为福利经济学铺平了道路。《惯于争鸣的印度人》收录了 16 篇文章，其中许多是整理过的演讲稿和以前发表过的文章，讨论了当代印度人的身份问题。

每当阿马蒂亚·森写完一本书，通常都会得到关注，《经济学人》、《纽约时报》等刊物经常对他的著作发表评论。在《卫报》的一篇热情洋溢的评论中，评论家苏梅亚·巴塔查里亚（Soumya Bhattacharya）这样写道："语气是这本书的诸多闪光点之一。森没有沉湎于他的祖国过去的伟大荣光；他也没有抛开西方的影响［像詹姆斯·穆勒（James Mill）的《英属印度史》（*History of British India*）那样］来过度简化或扭曲印度的现实……这本书早就应该写了。西方对印度的看法，实际上还有印度人自己对印度的看法从来没有像现在这样飘忽不定。《惯于争鸣的印度人》将为这种看法提供新的维度和视角。这本书无疑将成为像爱德华·萨义德（Edward Said）的《东方学》（*Orientalism*）一样的传世经典。"

他得到最多评论、最受欢迎的著作是《正义的理念》（*The Idea of Justice*）（这本书中文版已由中国人民大学出版社出版），在这本书中，他指出普遍流行的司法制度是有缺陷的，提出了另一种替代方案，对著名政治哲学家约翰·罗尔斯提出了直接的挑战。

除了诺贝尔奖，阿马蒂亚的工作还赢得过数不清的其他奖项。他获得过剑桥大学三一学院的若干奖项，1994 年获得亚洲学会的英迪拉·甘地金质奖章。1999 年，获得诺贝尔奖一年后，他获得了印度国宝勋章（Bharat Ratna），这是印度最高级别的公民荣誉奖，表彰他为"确立公共服务的最高优先级"做出的贡献。2003 年，印度商会（India Chamber of Commerce）授予阿马蒂亚终身成就奖，他还获得了位于曼谷的联合国亚太经济社会委员会（United Nations Economic and Social Commission for Asia and the Pacific，UNESCAP）颁发的终身成就奖。他于 2002 年获得国际人道与伦理联合会（International Humanist and Ethical Union，IHEU）的国际人道主义奖。同年，他还因为在经济学领域的贡献获得了波士顿塔夫茨大学（Tuft's University）的全球发展与环境协会（Global Development and Environment Institute，GDAE）颁发的艾森豪威尔奖章（Eisenhower Medal）和里昂惕夫奖（Leontief

Prize)。

1993 年，阿马蒂亚被选为美国经济学会（American Economic Association）会长，在此之前，他于 1984 年任计量经济学会（Econometric Society）会长，1986—1989 年任国际经济学会（International Economic Association）会长，1989 年任印度经济学会（Indian Economic Association）会长。他是英国科学院（British Academy）院士、计量经济学会会员、剑桥大学三一学院名誉学者。他还是美国艺术与科学学院（American Academy of Arts and Sciences）和美国哲学学会（American Philosophical Association）的外籍名誉会员。

除此之外，他于 1997 年获得爱丁堡勋章（Edinburgh Medal），1976 年获得马哈拉诺比斯奖（Mahalanobis Prize）。他还获得过弗兰克·E·塞德曼政治经济学杰出奖（Frank E. Seidman Distinguished Award）（1986）、乔瓦尼·阿涅利参议员国际伦理学奖（Senator Giovanni Agnelli International Prize in Ethics）（1990）、艾伦·肖恩·范斯坦世界反饥饿奖（Alan Shawn Feinstein World Hunger Award）（1990）、让·梅耶全球公民奖（Jean Mayer Global Citizenship Award）（1993）和加泰罗尼亚国际奖（Catalonia International Prize）（1997）。

2007 年 5 月，阿马蒂亚被任命为那烂陀大学项目（Nalanda University Project）的顾问团主席，主持该项目，这一项目旨在提升比哈尔邦的那烂陀大学的国际地位。直到 1197年，那烂陀都是韩国、日本、中国、印度尼西亚、波斯和土耳其等国家和地区的学生和学者求学的圣地。让这样一个古老的研究机构恢复往日的荣光，还有比阿马蒂亚·森更合适的人选吗？

但是，阿马蒂亚最了不起的成就或许是他在日常生活的每一天中始终保持着纯粹的积极性和动力。即使在获得了远超同行甚至远超自己的预期的成就之后，他总是能够发现新的挑战、新的起点。他对知识的渴求永不满足。他永远是一个不断推动自己学习和进步的学生。好友苏尼尔·森古普塔记得阿马蒂亚的妻子伊娃曾经开玩笑地抱怨说，阿马蒂亚一天工作 18小时。森古普塔当时认为这是一种夸张，但是在他们伦敦的家中做客期间，有一天早晨他醒得很早，发现当家人还在熟睡时，阿马蒂亚已经在工作了。

阿马蒂亚的成就并不是轻易获得的。他的经验主义研究曾经被批评为不是原创的，或者缺乏细节和深度。《饥荒之罪》（*Famine Crimes*）的作者亚历克斯·德·瓦尔（Alex de Waal）阐述了民主制度是如何预防饥荒的，他反对阿马蒂亚的观点，认为一个民主政府的存在不足以预防饥荒。他主张饥荒的主要原因更多是传染病，而不是饥饿，对阿马蒂亚关于这个问题的研究提出了批评。还有人说，与其他在印度国内相对艰苦的条件下工作、最终获得诺贝尔奖的印度人相比，他获奖相对容易，因为他一生中大部分时间都在印度之外的地方生活。罗伯特·L·波洛克（Robert L. Pollock）在《华尔街日报》（*Wall Street Journal*）上写道，阿马蒂亚作品的非凡之处"只在于他的名声超过了作品的质量本身"。在另一篇题为《错误的经济学家赢得胜利》的文章中，他说如果诺贝尔奖一定要授予发展经济学家，也应该授予彼得·鲍尔（Peter Bauer），他相信鲍尔是比阿马蒂亚更合适的人选。在他看来，鲍尔始终坚持与以政府援助推动经济增长的"错误信念"做斗争。

阿马蒂亚从来没有因为这些批评而退缩，他坚定不移地前进，成为福利经济学和饥荒预防领域全世界最重要的学术权威之一。印度政府和许多其他国家政府都邀请他做顾问。但他通常会拒绝那些可能使他丧失独立性的邀请。2008 年 1 月，法国总统尼古拉·萨科齐任命阿马蒂亚·森和美国诺贝尔奖得主约瑟夫·斯蒂格利茨（Joseph Stiglitz）为法国政府的经济发展顾问。据说，森和马赫布卜-哈克（Mahbub-ul-Haq）共同设计的联合国人类发展指数对萨科齐的影响很大。

尽管被全世界需要，阿马蒂亚的心仍然属于印度，他为保持印度国籍和简朴的印度生活方式而感到骄傲。

在这一长串已经取得的成就和更多未来将要取得的成就面前，有一个问题我们不得不问——是什么驱动着阿马蒂亚·森？是什么让他关心自己所生活的这个世界？是什么驱使他提出尖锐的问题并且去寻找答案？阿马蒂亚在 2001 年的一次访谈中回答了这些问题，他用这段话描述了自己的动机和冲动："我们都希望生活在这个世界上的人们不会挨饿、不会因得不到医疗救治而死去、不会变成文盲、不会经常感到悲惨和绝望，而实际上这一切都在发生，这似乎是可耻的……我们生活在一个地球村中，不同地区的事件会相互影响。互联网开始进入我的祖国，印度人开始看到世界其他地方的人们是如何生活的。在这样的环境下，全球的不平等问题和贫困问题都是不可分割的。从道德追问的角度，这两个问题是紧密联系的。第一个问题是，我享受特权而不感到对其他人有所亏欠是正确的吗？然后在另一个层面上，第二个问题是，我满足于生活在一个存在如此多贫困和不平等的世界中是正确的吗？这两个问题驱使我们把这些问题当作人类生活的中心。"

阿马蒂亚·森的生活和他在校园生活中表现出来的持久的研究热情，或许是对学术生涯这个词的完美诠释。正如阿马蒂亚所说："大学校园并不像一般认为的那样脱离生活。罗伯特·戈欣（Robert Goheen）说过，'如果你感觉两只脚都踩在平地上，那么大学就辜负了你'。完全正确。不过谁会想要站在平地上？有很多地方在等着我们。"

第 10 章

全球化的印度

对我而言，让灵魂受限于地理疆界，是一种可怕的耻辱。

——乔治·桑塔耶拿
(George Santayana)

这是 1984 年，加尔各答一个晴朗的春日清晨，阿马蒂亚·森和朋友苏尼尔·森古普塔深入西孟加拉邦的乡村，研究印度的性别不平等问题。在难得的休息日，两位研究者来到加尔各答，准备前往他们的母校——圣蒂尼克坦的印度国际大学。

他们坐在灰色"大使"牌轿车的后排座位上，车子驶过通往圣蒂尼克坦的风景如画的街道，两人非常渴望在这么多年以后再次看到他们的母校。司机停车休息时，他们在路边的摊位上买了两杯茶。回到车上，喝着茶，森古普塔转过头对他的朋友说："阿马蒂亚，你觉得今年会是诺贝尔年吗？"

森古普塔漫不经心地提起的这个话题，对于几乎所有认识阿马蒂亚的人都是一块心病——除了阿马蒂亚。阿马蒂亚的家人和同事早就相信他应该获得诺贝尔奖，但是年复一年，他被提名又与诺贝尔奖失之交臂。一些人开始感觉这是一种歧视，但是阿马蒂亚没有。他笑了笑，没有说话，继续喝着茶。一分钟后，阿马蒂亚开口了，却转换了话题："苏尼尔，你的家人怎么样？我们工作太忙了，我都没有时间去看看他们。"

"他们很好，都很好。我姐夫的弟弟昨天来征求我的意见，问应不应该出国深造。我还没想好怎么答复他。"

阿马蒂亚反驳道："为什么不？为什么不去？"

"这个……"森古普塔想说什么，随即放弃了。他对出国的态度与阿马蒂亚不同，但同时他又非常理解阿马蒂亚。他知道阿马蒂亚对印度没有任何反感，他只是出于职业和教育方面的原因对去往国外保持开放的心态，因为他相信全球化的视野对个人成长非常重要。这是阿马蒂亚在圣蒂尼克坦学到的东西之一，这让他接触到新的观点和思维方式，对他自己的研究大有裨益。

森古普塔也知道，阿马蒂亚是个四海为家的人，但他的心永远属于印度。他知道阿马蒂亚有多么热爱和尊敬他的祖国，他不一定非要住在印度来证明这一点。在阿马蒂亚心中，"家"这个词总是与印度，特别是圣蒂尼克坦联系在一起的。毫不奇怪，他至今保留着印度国籍，尽管几十年前他就可以放弃它，去换取许多人梦寐以求的美国或英国国籍。

森古普塔记得在圣蒂尼克坦的一个下午，他去拜访阿马蒂亚的母亲阿米塔·森。他走进门时，电视开着，阿米塔正在聚精会神地收看阿马蒂亚的访谈。

"又一次访谈？"他用孟加拉语问道，一屁股坐在阿米塔身旁的沙发里。

"看这个，苏尼尔……"阿米塔回答说，脸上流露出一丝不悦的表情。

"怎么了？有什么不对劲？"

"他们问巴布罗哪些事情对他的人生影响最大，而他一次都没提到过圣蒂尼克坦！"

森古普塔笑了。他太了解阿马蒂亚了。圣蒂尼克坦是阿马蒂亚的本质。如果他没有提到它，可能是因为这太根深蒂固，也太理所当然了。

"别担心，妈妈。"苏尼尔说。作为阿马蒂亚的童年好友，苏尼尔也将阿米塔视为自己的母亲。反过来，阿米塔也把苏尼尔当作儿子，享受他在她家度过的时光，特别是在阿马蒂亚出国以后。

"你知道阿马蒂亚有多爱圣蒂尼克坦。他回印度首先就会到这里来！而且他每年都回来！这比大多数定居海外的人频繁多了。"

阿米塔点了点头，显然仍旧很不高兴。

苏尼尔试图让她打起精神来，转变了话题。

"嘿，妈妈，还记得他去年跟艾玛一起回来参加雨季博览会吗？"

回忆立刻让阿米塔的脸上浮现起笑容。

阿马蒂亚在印度最喜欢的活动之一就是每年在圣蒂尼克坦举办的雨季博览会。这个博览会是由圣蒂尼克坦印度国际大学的创始人拉宾德拉纳特·泰戈尔创办的，特色是孟加拉民族音乐，特别是鲍尔音乐（Baul music）的现场演奏。这同时也是圣蒂尼克坦的建城纪念日，会举办热闹的集市，有本地工匠出售传统手工艺品，还会进行传统表演。

"他迫不及待地带着艾玛到处转，领她看所有的表演。他们回来后她对我说：'今天我好像度过了阿马蒂亚的一部分童年。'"阿米塔说，"我等不及想让他们再回来了。他一定想念他的牛奶、爆米花和香蕉了。"这些孟加拉美食都是阿马蒂亚的最爱。

阿米塔·森的儿子经常因为"抛弃"了他生于斯长于斯的祖国而受到谴责，但是持这种观点的人似乎忽视了他在后来的日子里所付出的艰苦努力。他们也忽视了阿马蒂亚对祖国的热爱和他为祖国所做的一切——他从来没有在媒体上宣扬这些。

在圣蒂尼克坦，这位诺贝尔奖得主骑着自行车在印度国际大学的校园漫游，有时间就去逛逛苏伯尔讷雷卡书店，到科拉尔·杜坎（Kalor Dokan）的茶摊买一杯印度茶。苏伯尔讷雷卡的老板因德拉纳斯·马宗达（Indranath Mazumdar）说："阿马蒂亚总是来看望还住在这里的老朋友。他穿着长衫长裤，排队买从圣蒂尼克坦去加尔各答的火车票，没人能想到他是哈佛和剑桥的教授。"

1983 年，阿马蒂亚用最好的方式回报了母校对他的培养——在加尔各答进行印度性别不平等问题的研究时，他在印度国际大学做了为期一年的访问学者。他还与曾经执教过的大学保持着经常的联系，特别是德里经济学院。阿马蒂亚解释说："虽然我从 1971 年起就在海外工作，但是我一直与印度的大学保持着紧密的联系。当然，我与德里经济学院的关系特别，1971 年我结束那里的全职工作后一直是名誉教授，只要有机会，我就用这个借口给德里大学的学生们做讲座。在这方面，有许多原因——个人的和学术的——让我认为漫游的生活似乎更适合我。自从 1953—1956 年我在剑桥的学生生涯结束之后，我回印度的时间间隔从来没有超过六个月。我想，这些加上我纯粹的印度公民身份，让我对印度的公共事务有了一定的话语权，而这需要持续的参与。"

阿马蒂亚在解释他四处漫游的生活方式时所说的"个人"原因主要是学生时代罹患口腔癌所需要的后续治疗。但是他保证一有机会就回印度。他积极参与印度的公共事务，并且公开表达他的观点。他对印度政府没有做出足够的努力消除国民中的文盲和大规模贫困提出了尖锐的批评。这些警告通常都得到了严肃的关注，因为它们建立在坚实的经济学理论的基础上，而不仅仅是一个政治上左倾的学者未经证实的观点。

除了圣蒂尼克坦和加尔各答，阿马蒂亚经常造访的另一个地方是孟加拉国，他在首都达卡度过了自己的童年。不仅他祖辈的根在孟加拉，而且，他的一些最亲密的朋友和合作者也生活在那里，包括拉赫曼·苏班（Rehman Sobhan）、阿尼斯·拉赫曼（Anisur Rehman）和卡迈勒·侯赛因（kamal Hossain）。

阿马蒂亚对祖国的忠诚最好的证据就是他对诺贝尔奖金的使用。在写给诺贝尔奖委员会的个人简介中，阿马蒂亚这样说："当诺贝尔奖向我走来，也给了我一个机会，为一直困扰我的问题做一些直接和实际的事，包括消除文盲、基础卫生保健和性别平等，特别是为了印度和孟加拉国。我在诺贝尔奖金的帮助下创办了普拉提奇信托基金（Pratichi Trust），当然，与这些问题的量级相比，这只是一个小小的努力。但是，它让我重温了 50 多年前在圣蒂尼克坦附近的村庄办夜校时的兴奋，这感觉太好了。"

普拉提奇信托基金得名于他在圣蒂尼克坦的家，今天，这个创办于 1999 年的基金旨在解决自从学生时代起就困扰着阿马蒂亚的那些问题——印度和孟加拉国的识字率、基础卫生保健和性别平等问题。

即使不在国内时，阿马蒂亚也是印度最可靠的"名片"之一。他总是那个维护印度免受责难和误解的理性之声。例如，1997 年，在纽约举办的第 16 届伦理和国际事务摩根索纪念讲座（Sixteenth Morgenthau Memorial Lecture on Ethics & Foreign Policy）上，阿马蒂亚反驳了在亚洲国家的价值观中自由并没有在西方国家那么高的重要性的观点。阿马蒂亚坚决地为亚洲和印度辩护，阐述了自由在亚洲国家的重要性。阿马蒂亚指出，一些美国人相信"政治自由"、"公民自由"和"民主"等概念是纯粹的西方意识形态，但是认为政治宽容是"西方自由主义倾向"是错误的。阿马蒂亚毕生都是民主制度的支持者，他强调一个民主政府对实现经济增长的重要性，始终强调印度是全世界最年轻、最成功的民主国家之一。除了印度，他还列举了新加坡、中国、日本等国家，以及伊斯兰教、佛教、印度教和儒学的例子，来说明宽容的概念深深扎根于各个历史时期的亚洲文化当中。与此同时，他支持全球化，认为其对人类的繁荣与发展是有利的，但是只有在一个有益的社会与经济环境中，并且得到国家政策的充分支持，这一点才能实现。这样的环境意味着对教育、医疗卫生和土地改革给予更多的关注。

由于亚洲次大陆的文化多元性，对自由、宽容和平等相应地也有许多不同的观点。阿马蒂亚指出亚洲价值体系的多元性——正如佛教传统和儒学理论所体现出来的那样，清晰地说明了对家庭和国家的忠诚是亚洲价值观的两大支柱。

他继续说明，印度统治者自古就强调宽容。阿育王支持最基础层面上的平等，并在他的诏书中说明了这一点。莫卧儿帝国的阿克巴大帝废除了香客税（Jaziya）——一种宗教朝拜税——来证明他对公正的信念。

阿马蒂亚在《惯于争鸣的印度人》一书中也公开驳斥了西方对印度的典型偏见，在他看来，西方人眼中的印度是过于"异国情调"和"家长制"的，过分强调了印度的宗教色彩。阿马蒂亚对这种观点给予严厉的回击，他列举了印度历史上理性的、科学的、数学的和世俗的丰富遗产，这些方面都被东方学家们视为"西方的成功领域"。

印度国会议员、作家沙希·塔鲁尔（Shashi Tharoor）在《华盛顿邮报》上发表的书评中的这段话，或许是对本书和阿马蒂亚在全世界的地位的最好总结："森是一个四海为家的人，也是一个印度人——当然，这两者在他身上毫无矛盾。他在拉宾德拉纳特·泰戈尔创办的实验性的学校印度国际大学接受教育（正是在那里，更早获得诺贝尔奖的孟加拉人预言性地给森取了'阿马蒂亚'这个名字，意思是'不朽'），然后在剑桥大学，成为三一学院第一位非英国籍的院长，是哈佛大学两个教席的教授，电影爱好者，板球迷和贪婪的阅读者，并且渴望用非正统的方式学习一切知识。"

第 11 章

获知消息

世界上只有一种理想的社会：高贵的生者和高贵的死者共存的社会。

——华兹华斯

（Wordsworth）

阿米塔·森坐在一张藤椅里，用报纸扇着风。又停电了，虽然已经是 10 月，午后的阳光透过窗子倾泻进来，没有头顶上的吊扇还是有点热。

阿米塔已经 87 岁了，一天中大部分时间她都在圣蒂尼克坦的家中，坐在普拉提奇起居室的椅子上，充满爱意地看着四周墙壁上悬挂的画框。其中有一些家庭成员的肖像，有一些水彩画，但大多数是她儿子的照片，有巴布罗跟各种重要人物的合影，有他接受奖项和做演讲时的照片。

巴布罗每隔一天给她打电话，跟往常一样，早上 8 点母子俩刚刚通过话。他告诉她，他今天在纽约，从他住的酒店的窗口望出去，这座城市充满节日气氛。她喜欢听他讲这些周围环境和工作中的小细节，这让她感觉跟他更接近。

阿米塔身后的大座钟刚刚敲了三下，电话铃响了。她吓了一跳，接起电话，有些纳闷是谁打来的。她每天的日程几乎是固定的，不习惯在这个时间接到电话。她立刻想起了上周，电话不合时宜地响起，带来了她姐夫去世的消息。她用颤抖的手拿起了听筒。

"你好……"她的声音也有些颤抖。

"妈妈，我是巴布罗。你在休息吗？我打扰你了吗?"

巴布罗?

她担心地问："出什么事了？你还好吗?"

"我很好，妈妈。只是有点感冒。这里太冷了，家里怎么样?"阿马蒂亚笑着问。他知道她一定迫不及待地想知道他为什么打电话。

"哦，又停电了，所以很热。但是别管这个了。你为什么又打来？你今天早上刚刚打过电话!"

阿马蒂亚意识到他的母亲更多地感到担心，而不是好奇，决定不再让她等待了。他用随意的口吻说："妈妈，我希望你是第一个知道的……我想他们这次决定颁奖给我了。"

他甚至不用挑明他说的是什么奖。

他听到电话那边传来一声惊叹，然后是笑声。他的母亲显然无法用语言表达她的喜悦。阿马蒂亚也笑了，母子俩花了点时间才喘匀气。稍事停顿之后，他母亲接下来说的话完全不出阿马蒂亚所料。他已经猜到她在想什么了。

"我希望你父亲还活着……他始终相信会有这么一天……"

"我知道，妈妈，我也希望他还在。"

阿马蒂亚的父亲于 1971 年去世，当时阿马蒂亚已经好几次被提名却未能获得诺贝尔奖。阿舒托什·森没有活着看到他的梦想成真，这对阿马蒂亚和他的母亲来说都是一种甜蜜的苦涩。

就在前一年，1997 年，一次全世界的经济学家在线投票显示，阿马蒂亚·森博士是最应该获得 1998 年诺贝尔经济学奖的候选人。他以 76 票的成绩赢得了投票，他的一位竞争者，MIT 经济学教授保罗·克鲁格曼（Paul Krugman）只获得 10票。《泰晤士报》（*The Times*）在伦敦发起了一场运动，旨在向诺贝尔奖委员会施加压力，让他们把奖项授予阿马蒂亚·森。运动的领军人物是肯尼思·阿罗，阿罗本人因为对社会选择理论的开创性贡献和不可能定理获得了 1972 年的诺贝尔奖。无论委员会承认与否，经济学家们知道阿马蒂亚早就配得上这个奖项。这些努力终于在 1998 年取得了成果。

阿米塔的声音因为喜悦而哽咽，她说："但是巴布罗，我要看到正式新闻才敢相信。看到明天的报纸以前我不会跟任何人说的。"

她听到她儿子在电话另一头笑了，他说："妈妈，这次是真的。"

阿米塔也笑了，同时拭去眼角的泪水。

阿米塔不用等待第二天的报纸。在不到一天的时间里消息就传开了，她的房子里挤满了记者，来采访她关于她儿子的话题，并争相一睹这位杰出经济学家母亲的风采。不久，阿马蒂亚就出现在每一个电视频道，就他的获奖接受采访。

对于突如其来的媒体关注，阿马蒂亚的反应非常谦逊。第二天早晨在曼哈顿接受采访时，他这样描述接到诺贝尔奖委员会的电话时的反应："接到皇家学院的电话时，我很惊讶，也非常高兴。当他们告诉我获奖是由于我在福利经济学领域的工作时，我就更高兴了。我非常激动，因为我所研究的福利经济学这个问题，的确应该得到更多认可，因为它触及普通民众的生活。许多经济学家都为这个问题做出了贡献，很遗憾我们不能共享这一奖项。"他用典型的阿马蒂亚·森式的风格，将关注的焦点从他本人身上转移到他的作品上，即使在这一荣耀时刻，他也不忘与人分享、表达感谢。他还说早上5点接到电话之后，他首先需要的就是一杯咖啡！

回到印度，阿马蒂亚的同胞们为这个消息陷入了狂喜。他接到了当时的总理阿塔尔·比哈里·瓦杰帕伊（Atal Behari Vajpayee）和总统KR·纳拉亚南（KR Narayanan）的贺信，后者说这是他"应得的荣誉"。财政部长亚什万特·辛哈

（Yashwant Sinha）也祝贺了阿马蒂亚，盛赞了他对福利经济学的贡献和他关于贫困与饥荒的研究。计划委员会前成员阿尔琼·森古普塔（Arjun Sengupta）博士的话或许是对众人观点的最好总结："阿马蒂亚·森博士是最实至名归的候选人，早就应该获得这项荣誉了。他是一个天才，其学识和感召力跨越了哲学、艺术和文化领域，并且在印度和西方培养了一批优秀的学生……我可以肯定，未来还将有其中一些人获得诺贝尔奖。"

　　不过，最激动的莫过于印度的经济学家和社会科学家群体。全国的经济学家都盛赞阿马蒂亚的成就，他在三一学院的同事尤其欣喜若狂。直到 1971 年，阿马蒂亚在德里经济学院执教了八年，在学院发来的一封贺信中，他的同事们表达了深深的喜悦之情，说诺贝尔奖是"实至名归、姗姗来迟"的。德里经济学院院长巴达尔·慕克吉（Badal Mukherjee）说："他是杰出的保守主义者，绝对是无与伦比的。"后来阿马蒂亚访问德里时，德里经济学院授予他人文学名誉博士学位。在授奖仪式上，阿马蒂亚高度评价了他在 D 校的经历。"一切都是从这里的演讲开始的，"他说，"社会选择理论和福利经济学都是从德里一问一答的课堂上诞生的。"这位高产的作家还说，德里教会他"永远不要在经过学生们的检验之前就出书"。

普通印度民众的喜悦之情更加热烈。随着他获得诺贝尔奖的消息从加尔各答传开，一股欢庆的浪潮席卷了孟加拉人，特别是圣蒂尼克坦的居民。圣蒂尼克坦之子赢得了他所在领域的最高荣誉。

第 12 章

诺贝尔奖

正如用一盏灯点亮另一盏灯，光线
并不会减弱，高贵也能点亮高贵。

——詹姆斯·罗素·洛厄尔
(James Russell Lowell)

诺贝尔奖为什么如此特殊，以至于比阿马蒂亚获得的其他所有奖励和荣誉都重要？

要回答这个问题，我们必须回到 1888 年。想象一下。阿尔弗雷德·贝恩哈德·诺贝尔（Alfred Bernhard Nobel）坐在法国戛纳一家旅馆的房间里。他是来料理他哥哥路德维希的后事的。路德维希在造访远离故乡瑞典的这座法国城市时客死他乡。阿尔弗雷德悲痛欲绝，但他的想法很现实。他知道生活必须继续。他之前也面对过死亡，知道该如何承受。阿尔弗雷德想要找点事情来转移注意力，他漫不经心地拿起当天的报纸，扫视着标题。他看到了一则讣告。他自己的讣告。报纸上写着："La marchand de la mort est mort."他的法语很好。法国报纸把他和他哥哥搞混了，这个标题说的是："死亡商人之死。"

看到自己的讣告是什么感觉？当一个人发现人们对他的死感觉如释重负，他会怎样做？不过，为什么阿尔弗雷德会被当作"死亡商人"?

阿尔弗雷德出生于 1833 年 10 月 21 日，是瑞典工程师和发明家伊曼纽尔·诺贝尔（Immanuel Nobel）之子，伊曼纽尔靠建筑业和向俄军提供装备积累了财富。在克里米亚战争（1853—1856）中，伊曼纽尔发明的装满火药的木质水雷将英国皇家海军挡在了圣彼得堡之外。有了这次成功，伊曼纽尔很快成为领先的军火制造商。

战争是一桩利润丰厚的生意，伊曼纽尔雇用大学教授级别的家庭教师，让他的四个儿子接受了良好的教育。因此，阿尔弗雷德 17 岁时，在自然科学、文学和语言方面已经接受过了扎实的训练。事实上，他精通五国语言，对化学产生了浓厚的兴趣，还经常创作短篇小说。

在巴黎学习化学工程期间，阿尔弗雷德结识了年轻的意大利化学家阿斯卡尼奥·索布雷罗（Ascanio Sobrero）。索布雷罗刚刚发明了硝化甘油，一种高爆炸性的液体。这种液体本身爆炸性太强，过于危险，不能付诸任何实际应用，但是阿尔弗雷德立刻意识到它在建筑业的潜在应用价值。1852 年回到瑞典后，阿尔弗雷德继续开发硝化甘油的商业价值。

一开始阿尔弗雷德的工作遭到了误解。其他人的想法跟他不同，不认为硝化甘油能有什么民用或商用价值。他的一次实验中发生了爆炸，造成数人死亡，包括他的弟弟耶米尔。当时的斯德哥尔摩市政府禁止他在城市地界内继续他的研究。他以标志性的顽固态度做出回应，在一艘停靠在梅拉伦湖附近的驳船上继续工作。

阿尔弗雷德没有被他弟弟的死吓倒，他继续研究，很快就取得了突破，他发现将硝化甘油与硅藻土混合，可以将这种液体变成糊状，制成适合塞进钻孔的特定大小的棒状物。1867年，他为这项产品申请了专利，称之为"炸药"（dynamite），这个词来自希腊语"dynamis"，意思是力量。这项产品将为建筑业带来革命性的变化。

在阿尔弗雷德·诺贝尔的一生中，他一直是一位成功的商人，在超过 20 个国家拥有工厂和住所。在炸药大规模量产的同时，他继续试验爆炸技术，申请了 300 多项专利。

如果只关注阿尔弗雷德的工作，他给人的印象是个工作狂和冷血的商人，尽管也是个智慧超群的技术天才。阿尔弗雷德个性中的其他方面经常被忽略——让他伤心欲绝、意志消沉的三段失败的感情，他业余时间创作的诗歌和短篇小说，以及他对哲学的浓厚兴趣。从他留下的日记中，可以清楚地看到他认为自己是一个隐士、一个孤独者，从未结婚，不喜欢跟人在一起。例如，他的日记中有这样一段话："我是个厌世者，又极度仁慈；我行为古怪，又是个超级理想主义者，吸收哲学比吸收食物还快。"

从这个角度看待阿尔弗雷德，我们就能够理解法国报纸的标题对他的影响和他阅读讣告时的感受了。讣告中写道："阿尔弗雷德·诺贝尔博士昨天去世了，他凭借发现有史以来最快地杀死更多人的方法而大发横财。"阿尔弗雷德研究炸药，从来不想伤害任何人，尽管在这个过程中伤害确实发生了。这件事让他开始考虑自己的遗产。1895年，他签署了最后的遗嘱，1896年他死后，遗嘱的内容震惊了世人。阿尔弗雷德决定用他留下的大部分财产（约3 100万瑞典克朗）成立基金，并奖励给"前一年里为人类做出杰出贡献的人"。这就是诺贝尔奖的由来。一个糟糕的错误促使一个人反省自己的一生，在他死后留下一份更好的遗嘱。

诺贝尔奖最初设有物理学奖、化学奖、生理学或医学奖、文学奖和和平奖，由诺贝尔基金会管理。直到1968年，瑞典银行为了纪念阿尔弗雷德·诺贝尔设立了瑞典银行经济科学奖，1969年首次颁奖。尽管该奖项并不是由阿尔弗雷德·诺贝尔设立的，但它的提名程序、选择标准和颁奖仪式都与其他领域的诺贝尔奖类似。

五个核心领域诺贝尔奖的颁奖典礼于诺贝尔的逝世纪念日

12 月 10 日，在瑞典的斯德哥尔摩音乐厅举行。诺贝尔和平奖于同日颁奖，但是典礼在挪威的奥斯陆举行。斯德哥尔摩的颁奖典礼非常盛大，奖品包括奖牌、证书和约 100 万美元的现金奖励，由瑞典国王卡尔十六世·古斯塔夫颁发。奖牌由 18K 金制成，镀 24K 金，雕刻有阿尔弗雷德·诺贝尔的半身像。

阿尔弗雷德·诺贝尔在他的遗嘱中还提到了负责评奖的机构。他指定瑞典皇家科学院评选诺贝尔物理学奖和化学奖，卡罗林斯卡学院评选诺贝尔生理学或医学奖，瑞典文学院评选诺贝尔文学奖，由挪威议会选出的、隶属于挪威诺贝尔奖委员会的一个五人委员会决定诺贝尔和平奖的获奖者。1968 年诺贝尔经济学奖设立时，选择经济学奖候选人的任务授予了瑞典皇家科学院。

每年，各个诺贝尔奖委员会向数千位学者、大学教授、科学家、诺贝尔奖得主、国会议员等人发出个人邀请，请他们提名来年的诺贝尔奖候选人。提名于 1 月 31 日前交付选举委员会。委员会不接受自荐和对逝者的提名。提名名单不对外公开，但是热门人选的消息总会不胫而走，正如媒体多年来一直猜测阿马蒂亚·森将成为获奖者。当然，候选人不分国籍，事实上，委员会还尽一切努力使之具有更广泛的代表性。最终候选名单在 9 月或 10 月返回各个机构。

　　大约 1 000 位被提名者中，只有 200～250 位能够进入诺贝尔奖的最终候选名单，这意味着即使进入最终候选名单也是一种成功，更不用说获奖了。而且，如果没有发现足够有价值的候选人，委员会保留在特定年份不授奖的权利（奖项也可以由两到三人分享）。从最终候选名单中，评奖机构通过投票选出一名获奖者，最终结果在 10 月 15 日之前产生。最后，对评奖结果负责的各个委员会和机构官方宣布将在 12 月的典礼上领奖的获奖者名单。投票结果产生后，诺贝尔奖颁奖机构马上召开新闻发布会，公布当年各奖项的获奖名单。该获奖名单为最终结果，不得申诉。

　　这套精密、严格的选择程序是由阿尔弗雷德·诺贝尔本人设计的，旨在创造一套万无一失的程序，来选出最有价值的候选人。

　　即便如此，诺贝尔奖的公平性还是受到了批评并引发了争议。阿尔弗雷德·诺贝尔的侄孙彼得·诺贝尔反对设立经济学奖，认为它不属于诺贝尔最初指定的六大类别。但这并不妨碍它仍然被视为经济学家能够获得的最高荣誉之一。

　　针对诺贝尔奖委员会的最猛烈的批评与另一个印度人有关，即圣雄甘地，他没有获得诺贝尔和平奖的事实令人震惊。据说，甘地在 1948 年提名截止日之前几天去世，委员会决定该奖项当年空缺，而不是颁奖给已故的他。

诺贝尔奖最年轻的获奖者是威廉·劳伦斯·布拉格（William Laurence Bragg），他于 1915 年获得诺贝尔物理学奖时年仅 25 岁。最年长的获奖者是莱昂尼德·赫维奇（Leoned Hurwicz），他 2007 年获奖时已经 90 岁高龄。居里夫人是第一位获得诺贝尔奖的女性，而且她两次获奖，一次是 1903 年的物理学奖，另一次是 1911 年的化学奖。居里一家可能是有最多成员获得诺贝尔奖的家庭——玛丽·居里和丈夫皮埃尔·居里（Pierre Curie）两次获奖，他们的女儿艾琳·约里奥·居里（Irene Joliot Curie）和女婿弗雷德里克·约里奥（Fredric Joliot）各有一次获奖。

1969 年，第一个诺贝尔经济学奖授予了拉格纳·弗里希（Ragnar Frisch）和简·丁伯根（Jan Tinbergen），第一位获得诺贝尔经济学奖的女性是美国经济学家埃莉诺·奥斯特罗姆（Elinor Ostrom），她与美国同事奥利弗·E·威廉姆森（Oliver E. Williamson）一同获得了 2009 年的这一奖项。阿马蒂亚·森是第六个获得诺贝尔奖的印度人。在他之前的其他印度获奖者是：拉宾德拉纳特·泰戈尔获得 1913 年的诺贝尔文学奖，C. V. 拉曼（C. V. Raman）获得 1930 年的诺贝尔物理学奖，S. 钱德拉塞卡（S. Chandrasekhar）获得 1983 年的诺贝尔物理学奖，哈尔戈宾得·库拉纳（Hargobind Khurana）获得 1968 年的诺贝尔医学奖，特蕾莎修女获得 1979 年的诺贝尔和平奖。在阿马蒂亚之后获得诺贝尔奖的印度人包括：V. S. 奈保尔（V. S. Naipaul）获得 2001 年的诺贝尔文学奖，拉金德拉·帕绍里（Rajendra Pachauri）获得 2007 年的诺贝尔和平奖，文卡特拉曼·罗摩克里希南（Venkatraman Ramakrish-nan）获得 2009 年的诺贝尔化学奖。

　　另外两个与诺贝尔奖有关的机构是诺贝尔博物馆和诺贝尔图书馆。斯德哥尔摩的诺贝尔博物馆于 2001 年开馆，以纪念诺贝尔奖自 1901 年首次颁发以来的第一个百年。博物馆既是为了纪念其创始人阿尔弗雷德·诺贝尔，也是为了纪念在各自领域做出杰出贡献的诺贝尔奖得主们。博物馆除了举办展览外，还有电影、戏剧和辩论等活动，有一家书店、一家纪念品商店和若干咖啡馆。展览的内容包括玛丽·居里、纳尔逊·曼德拉（Nelson Mandela）和温斯顿·丘吉尔等诺奖得主的生平。阿马蒂亚向博物馆捐赠了两件他的爱物——他童年时代的自行车和阿雅巴塔（Aryabhatta）的一本数学书。

　　瑞典文学院的诺贝尔图书馆成立于 1901 年 11 月 16 日，位于斯德哥尔摩，目的是辅助诺贝尔文学奖候选人作品的评估工作。其主要任务是接受候选人用母语创作的文学作品和刊物，供瑞典委员会评估。2007 年，图书馆有藏书约 20 万卷册，是北欧最大的图书馆之一。图书馆也向一般公众开放，并举办讲座、研讨会和座谈会。

　　诺贝尔奖拥有如此丰富而不平凡的历史，显示了为什么获得该奖项是一种如此至高无上的荣誉。诺贝尔奖不仅代表了获奖者工作的意义和重要性，而且代表了他们坚定不移的精神和热情，以及战胜困难的决心和勇气，这一切都是为了让我们生活的世界更美好——这些正是诺贝尔奖的创始人阿尔弗雷德·诺贝尔本人拥有的品质。

第 13 章

领　奖

在心中钦慕别人超过自己，再没有
比这更高贵的感觉了。

——托马斯·卡莱尔

(Thomas Carlyle)

1998 年 12 月 10 日。瑞典的斯德哥尔摩音乐厅装饰一新。著名的巨柱被鲜花环绕，观众们都身着长裙和燕尾服，更为音乐厅锦上添花。这是阿马蒂亚·森博士的荣耀时刻。

他身穿黑西装，打着白领结，当皇家科学院的罗伯特·埃里克森（Robert Erikson）教授致颁奖词时，他站在那里，谦虚地微微低着头。谈到他对社会选择理论的贡献时，埃里克森教授说："阿马蒂亚·森在社会选择理论内开辟了一个新领域，他证明了我们对做出何种人际比较的假设，会影响识别一致的社会偏好的可能性。"他接下来用很长篇幅介绍了森关于贫困和饥荒的研究，以及他是如何成功地构建了福利分析的衡量指标和饥荒的控制机制的。最后，他对阿马蒂亚·森说："你在关于社会选择理论、福利衡量指标和贫困的研究中运用了一套一以贯之的方法。通过理论和实践研究，你深化了对这些问题的理解，对福利经济学做出了基础性的贡献。我非常荣幸，代表瑞典皇家科学院对你致以最热烈的祝贺。现在请你从国王陛下的手中接受这个奖项。"

阿马蒂亚在宴会大厅远没有在教室中那么自在，他略显不安地走向瑞典国王卡尔十六世·古斯塔夫，国王大步迎向他，将奖牌和证书交到他手上。这一刻，阿马蒂亚的脸上终于绽开了笑容。当他与瑞典国王握手时，因为能够代表他的国家站在这个舞台上，他的脸庞闪耀着骄傲和喜悦的光彩。

依照惯例，在颁奖典礼前几天，像所有的诺贝尔奖得主一样，阿马蒂亚做了一次演讲，介绍自己的生平和研究工作。除了演讲，获奖者还要与他们的同事一道参加数不清的研讨会和学术会议，访问中学和大学，给新一代学生创造与他们互动的机会。

颁奖典礼之后，在斯德哥尔摩市政厅有一场晚宴，参加者包括本届和往届的诺贝尔奖得主，以及其他名流。在这些精英当中，阿马蒂亚可以说是"平等者中的首席"。

在被问到他打算用奖金做什么时，阿马蒂亚说他希望用一部分税后奖金来"做些好事"。他没有食言，后来他用诺贝尔奖金建立了普拉提奇信托基金，资助西孟加拉邦和孟加拉国的女童教育。

阿马蒂亚没有说的是，在欢庆的表象背后，他正在为好友和同事马赫布卜-哈克因肺炎猝然离世的消息而陷入深深的悲

痛。阿马蒂亚是从纽约的追悼会现场直接飞往瑞典的。在追悼
会上，阿马蒂亚怀着沉痛的心情说："我非常想念我的朋友，
我相信如果他还在世，一定会非常高兴看到我领奖。"

那一晚过后，阿马蒂亚立刻离开斯德哥尔摩，去看望那个
最想参加颁奖典礼而未能出席的人——他的母亲。回到印度
时，庆祝活动已经开始了。在去往加尔各答的漫长旅途中，阿
马蒂亚发现他闯入了一场彻夜狂欢，不时被人叫住合影。生性
沉静的学者不习惯被人认出来，但他以后不得不去习惯这
一点。

前往加尔各答的途中，他在伦敦西斯罗机场遇到了麻烦，
他的一个装有诺贝尔奖牌复制品的包被偷了。当发现丢失的只
是复制品而不是真正的奖牌时，不仅是阿马蒂亚和机场方面，
整个国家都长舒了一口气。

在加尔各答的达姆达姆机场，财政部长阿希姆·达斯古普
塔（Ashim Dasgupta）和市长普拉桑塔·查托帕迪亚雅
（Prasanta Chattopadhyay）来迎接阿马蒂亚。虽然他深感荣
幸，但他更急于见到家人，特别是他的姐姐苏帕娜·杜塔
（Suparna Dutta）最近刚刚失去丈夫。他只有一点时间能去看
望姐姐和母亲，然后就要前往他度过童年的城市——孟加拉的
达卡，还要到加尔各答参加很多以他的名义举办的活动。

阿马蒂亚获奖后回到印度，最不缺少的就是庆祝。他的行程遍及全国，去接受荣誉和奖励，与各种政府官员会面。在新德里，阿马蒂亚和妻子艾玛·罗斯柴尔德拜访了时任总理的 A·B·瓦杰帕伊、国大党主席索尼娅·甘地（Sonia Gandhi）和财政部长亚什万特·辛哈。

西孟加拉邦政府以阿马蒂亚的名义举办了一次公民招待会，借此机会发表了一份公开宣言，旨在于 2002 年以前在整个邦普及义务教育。财政部长阿希姆·达斯古普塔说，这个项目的目标还包括将西孟加拉邦的婴儿死亡率降低到千分之三十。达斯古普塔还宣布将建立一个研究机构，专注于研究森关心的问题，如土地改革、基础教育和医疗卫生。

阿马蒂亚在印度的大部分时间都用于在各个大学举办公开演讲。其中最值得关注的是他为德里的贾瓦哈拉尔·尼赫鲁大学（以下简称 JNU）的学生做的演讲。关于这次演讲，《印度人报》（*The Hindu*）的报道这样写道："自从获得诺贝尔奖后，森出席了许多类似的场合，他承认自己非常渴望做一场与众不同的演讲。他在 JNU 演讲的主题就是在多次演讲的过程中产生的。"

那个月在印度，阿马蒂亚最大的感觉就是，不管是出席官方集会还是在街头漫步，无论走到哪里都会受到铺天盖地的恭维。人们在车站、机场和街头排起长龙，热切地渴望一睹印度之子的风采。不过哪里的欢迎都比不上圣蒂尼克坦和加尔各答，这两座与他的童年关系最为紧密的城市。《印度人报》这样描述他的到访："男女老少聚集在火车站和机场迎接阿马蒂亚·森；他们在他经过的街道两旁排起长龙，挤满了他做演讲的会场；他们静静地站在他在圣蒂尼克坦的家门口，等待机会见他一面，幸运的话还能跟他说几句话，同他合影和握手。他们在庆祝自己同胞的成功。"阿马蒂亚最初很不习惯这种公开的恭维，总是表现得极为谦卑。

阿马蒂亚年轻时就读的印度国际大学为他举办了一次庄严肃穆的庆典，类似于泰戈尔获奖后人们为他举办的那个。当阿马蒂亚发现庆典是在拉宾德拉纳特·泰戈尔于 1913 年获得诺贝尔奖后举行庆祝活动的芒果林（Amra Kunj）举办时，他的心中充满了感动和敬畏。《印度人报》说："芒果林的晨会以庄重典雅、节奏舒缓著称，这也是这座非同寻常的校园的特点。森身着白色的长衫和腰布，颈上围着黄色的蜡染围巾，在一队青年学生的引领下走上舞台。国际大学副校长迪利普·辛哈（Dilip Sinha）为这位圣蒂尼克坦杰出的"孩子"送上了一段充满溢美之词的献词，是用梵语和孟加拉语朗读的。"在典礼上，他的好友苏尼尔·森古普塔列举了圣蒂尼克坦的两位巨子——阿马蒂亚·森和拉宾德拉纳特·泰戈尔的相似之处。接着，鲍尔普尔公民委员会组织了一次由热切盼望见到诺贝尔奖得主的中学生参加的公开集会。

不过，最感人的一件事发生在一天晚上，阿马蒂亚在校园中漫步时。一个人朝他走过来，递给他一支笔。阿马蒂亚以为他是来要签名的，问道："书在哪儿？"那个人回答道："先生，我不要你的签名。如果你能摸摸这支笔，祝福它，相信我儿子一定能通过考试。"

这个月剩下的时间里，阿马蒂亚都沐浴在荣誉的荣耀之中，从一个活动到另一个活动，接受他的同胞给予他的关注。但是即使在这种巨大的荣耀之下，他仍然没有忘记他的老朋友、老师和同事。

那个月，圣蒂尼克坦热闹非凡，每个人都在谈论阿马蒂亚的趣闻轶事、他的过去和现在。他的老师对他赞不绝口，他的朋友讲述了他的一些趣事。阿马蒂亚的同学和朋友迪潘卡·查特吉（Dipankar Chatterjee）回忆说："那些日子阿马蒂亚晚上用功，白天做别的事情，因此人们会说他从来不学习成绩还那么棒！"

所有这些声音都说明了一点——任何从其年轻时代起就认识阿马蒂亚·森的人，都不会对他的成功感到惊讶。

第 14 章

不　朽

人终有一死，但是直到太阳变冷，
伟大成就的丰碑都将永存。

——乔治·法布里克斯
(George Fabricus)

　　获得诺贝尔奖后，阿马蒂亚·森的生活并没有像人们以为的那样发生戏剧性的变化。这个过去只在学术圈内声名显赫的名字突然间变得家喻户晓。几乎在一夜之间，在印度，他成了每个学生、每位家长和每位老师心目中的英雄。他所取得的成就、他为此付出的努力，以及他面对生活抛给他的种种挑战时展现出的积极态度，都给人莫大的鼓舞。

　　人们经常把阿马蒂亚·森的成就和拉宾德拉纳特·泰戈尔的成就相提并论。表面上，两人的相似之处显而易见。在各自的领域，森和泰戈尔都是第一个获得诺贝尔奖的印度人（泰戈尔于 1913 年获得诺贝尔文学奖），他们都是孟加拉人，或许两人最紧密的联系在于，阿马蒂亚·森曾是泰戈尔创办的圣蒂尼克坦印度国际大学的学生。森与泰戈尔的联系还可以继续向前追溯，他的外祖父希蒂·莫汉·森帮助泰戈尔建立了印度国际大学。

　　尽管阿马蒂亚·森是一位学者而非艺术家，但是像泰戈尔一样，他也热爱艺术，喜欢交响乐和戏剧。这可能遗传自他的母亲阿米塔·森，她演出过许多泰戈尔的舞剧。在这方面，森的好友苏尼尔·森古普塔记得一件轶事，有一次他去伦敦，在去看舞台剧《窈窕淑女》（*My Fair Lady*）还是去参加森的夫人艾玛的晚宴之间犯了难，为了帮助犹豫不决的森古普塔，森在他耳边悄声说："艾玛的晚餐有的是，别错过演出。"

在哲学层面上，森和泰戈尔也有许多一脉相承之处，森直到今天才意识到这一点。用他的话说："（泰戈尔）在圣蒂尼克坦的影响无疑是最大的。后来回顾时我才发现，我比当时认为的更加赞同泰戈尔的观点，因为在那里他的存在感太强了，缺乏足够的对比度，所以我才忽视了这一点。但是当我思考其他人对我思想的影响时，比如圣雄甘地、约翰·斯图亚特·穆勒、卡尔·马克思和亚当·斯密，我的确认为泰戈尔对我的影响非同寻常，当时我没有充分认识到这一点。"

影响之一就是泰戈尔为印度国际大学和每一名学生注入的跨文化的"世界大同"观。泰戈尔是兼容并包世界各国文化和传统的坚定信仰者。他相信只要通过欣赏某种事物，就能使其成为你的文化和个性的一部分，无论其起源于何处。这种思想或许跟泰戈尔自己的身世有关，他的家庭背景中就综合着印度教、伊斯兰教和英国文化的影响，年轻的泰戈尔接受过梵语、阿拉伯语、波斯语和伊斯兰文化传统教育。

一个最好的例子可以说明泰戈尔对其他文化的宽容和尊重，他是世界上唯一为两个国家创作了国歌的人——印度教徒占大多数的印度的国歌《人民的意志》（*Jana Gana Mana*）和穆斯林占大多数的孟加拉国的国歌《金色的孟加拉》（*Amar Sonar Bangla*）。在《纽约书评》（*The New York Review*）的一篇文章中，森说这两个国家都是他的祖国，他很高兴泰戈尔是两国国歌的作者。

森的信仰与之一脉相承，他漂泊的生活方式就是证明，从一个校园到另一个校园，无论在世界什么地方，他从没有停止追求知识的脚步。跟泰戈尔一样，森深深地热爱和赞赏印度文化，但他更加渴望走出国门，接触其他文化，汲取其中的精华。这可能是森在印度国际大学学到的最重要的东西——来自泰戈尔观念的直接影响。

今天，森是泰戈尔的崇拜者，承认泰戈尔对他的影响——不是体现在他的作品的内容上，而是体现在他创作它们的方式上。尽管两人从未谋面，泰戈尔的思想却通过印度国际大学的教师传递给了森，帮助塑造了他的世界观和人生观。

森的母亲阿米塔说得好："泰戈尔是他的精神导师、他的指路明灯，国际大学是他寻求平静的地方。"

　　森一向谦虚，总是说自己无法与泰戈尔那样的传奇相提并论。或许他在自谦的时候忘记了，他的名字正是泰戈尔给他取的——意思是"不朽"。阿马蒂亚·森无疑将名垂青史，成为一个传奇、一个偶像、一种启示。

First Published in English by

Rajpal & Sons, Madarsa Road, kashmere Gate, Delhi – 110006, India By arrangement with Rajpal & Sons

© Rajpal & Sons, 2014

The Simplified Chinese version © 2016 by China Renmin University Press.

All Rights Reserved.

图书在版编目（CIP）数据

阿马蒂亚·森传/（印）利茶·萨克塞纳（Richa Saxena）著；唐奇译.
—北京：中国人民大学出版社，2016.9
书名原文：Amartya Sen：A Biography
ISBN 978-7-300-22920-1

Ⅰ.①阿… Ⅱ.①利… ②唐… Ⅲ.①阿玛蒂亚·森传-传记
Ⅳ.①K833.515.31

中国版本图书馆 CIP 数据核字(2016)第 113911 号

阿马蒂亚·森传

[印] 利茶·萨克塞纳（Richa Saxena） 著
唐　奇　译

Amadiya Sen Zhuan

出版发行	中国人民大学出版社			
社　　址	北京中关村大街 31 号		**邮政编码**	100080
电　　话	010 - 62511242（总编室）		010 - 62511770（质管部）	
	010 - 82501766（邮购部）		010 - 62514148（门市部）	
	010 - 62515195（发行公司）		010 - 62515275（盗版举报）	
网　　址	http://www.crup.com.cn			
	http://www.ttrnet.com（人大教研网）			
经　　销	新华书店			
印　　刷	北京联兴盛业印刷股份有限公司			
规　　格	145 mm×210 mm　32 开本	**版　次**	2016 年 9 月第 1 版	
印　　张	5.375 插页 2	**印　次**	2016 年 9 月第 1 次印刷	
字　　数	77 000	**定　价**	39.00 元	

版权所有　侵权必究　　印装差错　负责调换